张坤浩 著

追寻

每一个生命的光亮

华文出版社
SINO-CULTURE PRESS

图书在版编目（CIP）数据

追寻：每一个生命的光亮 / 张坤浩著. —— 北京：华文出版社，2023.12

ISBN 978-7-5075-5916-3

Ⅰ. ①追… Ⅱ. ①张… Ⅲ. ①教育-文集 Ⅳ. ①G4—53

中国国家版本馆CIP数据核字(2023)第234735号

追寻：每一个生命的光亮

著　　者：	张坤浩
责任编辑：	郭俊萍
出版发行：	华文出版社
地　　址：	北京市西城区广安门外大街305号8区2号楼
邮政编码：	100055
网　　址：	http://www.hwcbs.cn
电　　话：	总编室 010-58336239　责任编辑 010-63421256
	发行部 010-58336267
经　　销：	新华书店
印　　刷：	三河市航远印刷有限公司
开　　本：	880mm×1230mm　1/32
印　　张：	10.125
字　　数：	190千字
版　　次：	2023年12月第1版
印　　次：	2023年12月第1次印刷
标准书号：	ISBN 978-7-5075-5916-3
定　　价：	58.00元

版权所有，侵权必究

序

热爱不泯，行稳致远

聂振弢

"天不生仲尼，万古如长夜。"孔子对中国文化的影响、赞颂再多也不过誉。同理论之，人不受教育，人生当彻夜难明！

杨昌济为湘教翘楚，曾亲笔书写"欲栽大木柱长天"，他慧眼如炬，于一众学生中发现了毛泽东，觉其是可造大才，着意培养。结果如愿！"中原文化名片"二月河先生，曾作文以析内心：人们吆喝"二老师"，应允了这些年，直到"尚在郑大任职"，方觉名副其实，欣然飘然，"二月河的眉眼面目，现在亦是教育工作者了"。这是"二先生"的顽憨可爱，亦说明"对教育有感情"。

当张坤浩先生的文稿《追寻：每一个生命的光亮》拿来，让我写一些文字时，我毫不犹豫答应了。同为教育工作者，人生守信，我须将"敬重"随时"落实"。待到认真看了文稿，我反思自己，瞬间汗颜，赧愧，心惭，之前总以为陪着学子、讲座论道、谈心向学，就是好的老师，坤浩先生的悉心精心诚

追寻：每一个生命的光亮

心苦心丹心，成为一面清晰的镜鉴，鉴证此般想法实在唐突，不知天高地厚，映照老师"不是那么好当的"，是"如此的不易"！"鸟欲高飞先振翅，人求上进先读书"，教育总是一个生生不息的话题。然如何让学子"振翅"，怎么促使"上进"，各教育者并没有一个统一的铁定有效的办法。坤浩先生"去探寻、去思考、去实践、去解答"，教学中能够"有教无类"，能喊出所带年级半数以上学生的名字，知道每个学生的喜乐，"因才施教"，介入重点关注学生的生活，灵活机动给予指导。他能够抛洒真情，写下十几封关于"六全"的"情书"，娓娓道白，讲述班级的进退变化、与学生的交往故事、对突出学生的赞赏、对改变差生的感悟，有与班主任的谈心、对老师辛苦日常的感恩、对学校发展前行的思索……他敢于摸探教育本质的规律，构建唯我独有的"一二三四五六"办学思想体系：一种教育理念和认知，两个教育前提，三层育人目标，四种育人方式和教育情怀，尤其是关注意识、落实意识、激励意识、目标意识、思考意识等"五种意识"，有志向、守纪律、懂感恩、负责任、会学习、有作为等"六个学生标志"，都颇为新颖、先进和具有可操作性。这一套"组合拳"练下来，曾使一个郊区濒临关闭的学校，奇迹地焕发勃勃生机，跻身市区名校第一方阵，综合办学效益获得如潮好评。坤浩先生后执教"六全"，"高擎着爱与责任，用匠心守望初心"，坚定文化自信，"只要足够努力，没有什么不可能"，倡导"做适合每一位学生发展

序　热爱不泯，行稳致远

的教育"理念，通过打造"南阳外国语中学"特色、调动内因激发潜能、善用未来信息化教育手段，追求各学段培训目标；始终弘扬精神引领、文化熏陶、师生发展、社会满意的办学思路，三年时光刹那间，成为南阳众多高中进步最大的学校之一，受到社会各界的广泛关注。

"永葆初心，心怀热爱是我前行的底气和勇气。"他在感动校园人物颁奖典礼、新生工作会、新学期升旗仪式暨开学典礼、期中考试动员会、中招百日誓师大会、功勋教师颁奖典礼及新年联欢会、宛城"十大杰出青年"表彰大会、"南阳青年五四奖章"颁奖等讲话与感悟留文，其言谆谆，其意切切，情之殷殷，心之勃勃，无不体现其"默默坚守"情怀，"热爱学校，它好像就是我的另一个家，身在其中，不畏所累，永远心悦与欣喜。"

是以，坤浩先生是满足的、幸福的，他是一位辛勤的农夫，在每年轮回的季节时，收获了丰稔，收获了微笑。

鲁迅先生有过三味书屋的熏陶，二月河先生曾得冯其庸先生的点化。人无师则无知！如此题外话，是感念和庆幸"六全"的学子，在人生的关键阶段，遇到一位很好的老师。遇到良师确是幸运，是学业之幸，成长之幸，更是人生之幸。

追寻：每一个生命的光亮

坤浩先生业余勤奋写作，已在报刊纸媒发文数十篇，曾为南阳青少年读书创作协会会长，我深为赞赏和感佩。俗语说得好，给予学生一滴水，老师必然一桶水。提升博大自我，总是必要。无论是白驹过隙，还是公务繁忙困扰艰重，他都牢记初心，热爱不泯，就矢志有恒，铢积寸累，汗血跋涉，行稳致远。

是为序。

聂振弢

2023 年 11 月 15 日

聂振弢，一位走向世界的国学教育家，国际儒联会员、中国冯友兰研究会常务理事、《作文指导报》创设人之一、韩国京畿大学客座教授、英国威尔士大学特聘实践教授。曾被评为"大国良师""中原孔子教育十大人物"。

自序

每个孩子都会发光，只不过需要被点亮

好的教育是什么？理想的教育长什么模样？如果你要问100位教师，可能会得到100个答案。教育如同人类社会的"斯芬克斯"之谜，引领着教育工作者不断地去探寻、去思考，去实践、去解答。而好的教育，其独特价值正在于它可以"链接"过去与未来，伴随着时光流逝、时代巨变，却波澜不惊、不着痕迹地照亮世界的每一个角落，无处不在、自然而然地改变着整个世界。

从教20年，永葆初心、心怀热爱是我前行的底气和勇气。喜欢孩子，愿意为每一个生命个体贡献一点力量；喜欢工作，愿意把它作为一生的事业去追随；热爱读书，现实中想不到的，书中总会有答案；热爱学校，它好像就是我的另一个家，身在其中，不畏所累，永远心悦与欣喜。

追寻：每一个生命的光亮

（一）在不确定的世界中追寻教育的确定性

教育家曾说："真正的教育，是自由的精神、公民的责任、远大的志向，是批判性的独立思考、时时刻刻的自我觉知、终身学习的基础、获得幸福的能力。"

当今世界，瞬息万变。社会的不确定性给教育的确定性也带来了新的挑战。回望中国教育二十多年的改革，我们逐渐清晰：中国教育在这个不确定的时代，给出了一个确定性的答案——教育的本质是"育人"，让教育回归到以"育人"为本、培养人的素养中来，推动每个人灵魂的成长、精神的成长、全面的成长。这是每一位教师的责任和使命。

有人说："只有将课堂上所学的东西完全忘记之后，剩下的才是真正的教育。"

教育是一种影响。它来自内心的触动与共鸣。思想不是由说教而来，而是由影响而来。一名优秀的教师，不仅能传授知识，更能与学生分享人生的智慧。教育者要以自身人性的美好去塑造学生美好的人性，用自身行为的正向引导学生正向的行为。正如清华大学前校长梅贻琦所说："学校犹水也，师生犹鱼也，其行动犹游泳也，大鱼前导，小鱼尾随，是从游也，从游既久，其濡染观摩之效自不求而至，不为而成。"

教育是一种激励和点燃。真正的教育绝不是用知识把桶装满，而是要用光，去唤醒学生生命成长的内驱力。

自序　每个孩子都会发光，只不过需要被点亮

每个人心中，都住着一个渴望被肯定的"小孩"。从人性的角度出发，每一个人都希望被看见，每一种努力都希望被肯定。马克·吐温曾说过："一句真诚的赞美就能让我多活两个月。"回望我们的学生时代，那些知识渊博的老师会让我们仰慕，但那些曾经给予自己肯定和鼓励的老师会让我们铭记一生。那些温暖的鼓励、无条件的信任，给那时的我们注入了自信和力量，甚至助我们长出梦想的羽翼，改变了我们的人生。

（二）育人和"育分"

每一个家长都希望孩子优秀，但不是每一个孩子都可以做第一名，就像奥运冠军只有一个，家长要坦然面对孩子的平凡。记得有一个同学哭着对我说，"我妈爱的不是我，而是考满分的我！"我们决不能让孩子成为应试机器，不能用功利性的眼光去评判孩子。那么，我们究竟要培养出怎样的孩子？只有明确教育的本质和目的，我们才能目标坚定、奔赴远方。

2018年，教育部原总督学柳斌先生，作为中国教育界代言人，在"2018中国教育家年会"上再次提出："'好教育'是把素质教育进行到底。""我们的基础教育应当由'以考试为本'的'应试教育'或称'考试教育'回归到'以育人为本'的生命教育、生活教育、素质教育中来。""教育不仅是知识，还应该是爱，是真，是善，是情，是美，是生命活力，是人生智

追寻：每一个生命的光亮

慧，是家国情怀，是崇高理想。"

对于教育的理想是美好的，而教育发展的现实似乎又是残酷的。育人与"育分"的争论一直客观存在，在高中阶段，轻素质教育、重应试教育的倾向还依然比较严重。素质教育与学生升学矛盾吗？素质教育着眼于学生的全面成长。它的突出特点就是把学生当成人，而不是考试机器看待。学生如果只有分数，也赢不了未来的大考。在素质教育实施过程中，注重培养学生良好人格、尊重学生独立个性、培养学生的创造力，不断提升学生的思维品质。在师生关系上，力争做到让教育更有温度和人情味。在一种和谐、亲密的师生关系和教育氛围中，引导学生主动参与、全面发展自我，真正做到"培根、铸魂、启智、润心"。因此，素质教育有利于培养健全的人，会让学生未来的发展更有潜力。

每一个孩子都是不同的，都有自己与众不同的一面。我坚持"做适合每一个学生发展的教育"的核心理念，强调多一把评价的尺子，就会多一批好学生。呼吁教师要换一种善的眼光看待学生，要相信每一个学生都是人才，不要给学生贴标签。在日常工作中，注重对学生的激励和表扬。善于发现学生的闪光点，并加以肯定，让每个人都受到尊重和重视。办好以人民为中心的教育，使教育更加公平、更具有温度和质感。培养身心健康、人格健全的人，使每一个学生都能具有幸福的生活能力，享有更多人生出彩的机会。

自序　每个孩子都会发光，只不过需要被点亮

（三）摒弃功利，回归教育的本质

蔡元培先生在《中国人的修养》一书中说，"为父母者，以体育、德育、智育种种之法，教育其子女，有二因焉：一则使之壮而自立，无坠其先业；一则使之贤而有才，效用于国家。"对孩子来说，健全的人格就是最好的素养。

回望自己的从教之路，接触每一所学校，感触最大的就是一所学校的精神风貌。一个时期内，校长的风貌影响着教师风貌，而教师风貌也影响着学生整体风貌。这就需要我不断地叩问初心，主动思考该如何走好以后的路。

教育从接纳开始。接纳是每一个孩子生命中最好的温柔。苏霍姆林斯基曾经说过："一个好教师意味着什么？首先意味着他是个热爱孩子的人，感到跟孩子交往是一种乐趣，相信每个孩子都能成为一个好人，善于跟他们交朋友，关心孩子的快乐和悲伤，理解孩子的心灵，时刻都不忘记自己也曾是个孩子。"作为教师，要时刻牢记"两个假如"（假如我是孩子，假如是我的孩子）的教育前提。要有一颗博爱慈善之心，要学会接纳学生的不良情绪，倾听他的心声。只有从对方的角度接纳他们，才会有随之而来的教育影响和知识的顺畅交流。通过接纳学生，才能走进他们的内心，满足内心归属，体察学生学习中呈现出的行为动机，从而真诚沟通，进而解决问题。

追寻：每一个生命的光亮

培养正确的教育观。引导学生正确地接纳自己、接纳别人、接纳世界。当一个人为自己的一切做选择时，他便是在做自己，便是成为自己，便是自我实现。鼓励和引导学生真正接受自己，从而扎根成长，释放更多生命的能量。鼓励和引导学生勇敢做自己。从内心坚定的信念出发，不断地发现自己、挖掘自己，心怀热烈地过好这一生，绽放出应有的光芒。就像《肖申克的救赎》里的一句话：你知道，有些鸟儿是注定不会被关在笼里的，它们的每一片羽毛都闪耀着光辉。

2019年，美国作家塔拉·韦斯特弗记述个人成长的回忆录《你当像鸟飞往你的山》在中国出版。通过写下自己的故事，塔拉找到了一种答案：教育意味着自我创造，令自己鼓起勇气去打开生命的无限可能，去接受不同的声音，去看更大的世界。在接受《福布斯》杂志访谈时，塔拉说："教育意味着获得不同的视角，理解不同的人、经历和历史。接受教育，但不要让你的教育僵化成傲慢。教育应该是思想的拓展，同理心的深化，视野的开阔。它不应该使你的偏见变得更顽固。如果人们受过教育，他们应该变得不那么确定，而不是更确定。他们应该多听、少说，对差异满怀激情，热爱那些不同于他们的想法。"即使生活在阴沟里，也依然可以仰望星空。每个人都应当像鸟一样飞向属于自己的那座山。我想，这正是教育在人类发展中的意义所在。

自序　每个孩子都会发光，只不过需要被点亮

（四）怀一颗匠心，追寻教育的意义

三尺讲台，方寸之间，教师用爱浇灌责任，用匠心守望初心，用平凡铸就非凡。择一事，爱一生，不为繁华易匠心；忠于责，诚于真，不为荆棘易初心。

臻于至善，始于匠心。好的教育是从"我"到"我们"。我校在图书馆大楼外侧墙面上写了两句话："凡是学生的问题，大都是教师的问题；凡是教师的问题，大都是校长的问题。""凡事先从自己身上找原因。先改变自己，再影响他人。"营造良好的工作氛围，创建和谐的师生关系是我们做的第一步。一所学校的教育教学理念能得到教师的尊重和认同，能在教育教学过程中践行之，才能发挥其积极作用；能从改变自己到影响学生，教育就从"我"到了"我们"。教育是一门"仁而爱人"的事业。善之本在教，教之本在师。当我们选择和孩子同行的那一刻，就意味着选择与爱同行、与责任比肩。当我们与孩子们在一起，风来了捉风、下雨时听雨……学校的这方天地和所有的孩子就成为我们生命的重要组成部分。

好的关系就是好的教育。赏识教育，是给孩子的一种人生态度。教师要会给每个学生"点赞"，发现每一个孩子的闪光点，看到他（她）的与众不同。给他（她）永不迷失的信仰，让他（她）用自己的方式发光，让他（她）用自己的双手收获成功，看见更大的世界。人生从来没有什么最佳答案，但人生

追寻：每一个生命的光亮

中总会有一些人、一些契机，触动你，帮助你寻找到人生中最赞的答案！

好的教育是从"单向输出"到"双向奔赴"。教育是一盏点亮一个个生命的灯火，教师用一束束平凡微光照耀了孩子们的心灵，点亮了整个世界。同时，教师也从孩子们单纯美好的心灵、独特的思维品质和专注思考的行为上学会了爱心、耐心、理解、接纳、观察、发现、挑战……孩子们的一百种模样，成就着我们作为教师的模样。

好的教育是从"师道尊严"到"师生对话"。教育是一场师生平等的对话，是两个世界能量的自由流动，进而迸发出智慧的火花。一朵具体的花，远胜过一千种真理！教育的对象是学生，一定从学生客观实际出发，去施策、沟通和交流，以平等的姿态告诉孩子："没关系，你慢慢来。"这样，才能让一朵花影响另一朵花，让一个生命影响另一个生命。

岁月不居，时节如流。教育是"根"的事业，我愿意为了花的艳丽、果的芬芳、叶的嫩绿，而默默坚守。岁月成诗，流年凝固。教育是一群人的责任与担当，我愿意尽己所能，迎难而上，帮助一届届学生从青涩走向成熟。我坚信：教育，将拥有世界上最高的回报。播下一粒爱的种子，也定将收获一个美丽的人生！

（2023 年 7 月）

目　录

一、教育心语

致敬！跑道上的独行者 / 2

"谁说我眼瞎了？" / 4

陌生人，我也向你问好！ / 7

读书真的可以改变人生 / 9

成功背后无潇洒 / 13

其实，我们每一个教育者都具备教育家的潜质 / 16

总有一种感动让我们泪流满面　总有一种精神让我们砥砺前行 / 18

2015 年，我们真的没有刻意去培养状元 / 22

人是需要有精气神的 / 25

爱上上课，用爱上课 / 27

任何职业都需要奉献精神 / 31

教室里的感动 / 34

最　　美 / 37

英　　雄 / 39

你很重要，你最珍贵 / 41

师德微故事三则 / 44

追寻：每一个生命的光亮

每一点爱，都不会白费 / 48

致敬可爱的人 / 50

给六全的第一封"情书" / 54

给六全的第二封"情书" / 59

给六全的第三封"情书" / 62

给六全的第四封"情书" / 66

给六全的第五封"情书" / 70

给六全的第六封"情书" / 75

给六全的第七封"情书" / 80

给六全的第八封"情书" / 87

给六全的第九封"情书" / 91

给六全的第十封"情书" / 97

给六全的第十一封"情书" / 104

二、管理智慧

"禁止入内"折射出的管理思维 / 110

从班级清洁区的落叶打扫说起 / 113

听课，只"听"就够了吗 / 116

听赞扬，还是听批评 / 118

如何让平凡的孩子变得优秀 / 120

抓"效果"与管"形式" / 122

目 录

为什么现在有的学生不爱学习了 / 125

为什么有些班级的读书交流活动不成功 / 127

新时代教师如何"叫家长" / 129

教师,你如何才能幸福? / 132

南阳市三中伏牛路校区"一二三四五六"办学思想体系解读 / 135

南阳市第六完全学校高级中学办学理念解读 / 146

从"头脑一热"到"高烧不退" / 161

三、讲坛纵横

课程改革天地宽　管理创新换新颜 / 172

在 2016 年度"感动校园十大人物"颁奖典礼上的讲话 / 181

亲其师,信其道 / 183

教育梦想的守望者 / 186

我有一个梦想 / 189

在南阳市三中伏牛路校区揭牌仪式上的发言 / 192

在 2017 年秋期七年级新生第一次会议上的讲话 / 195

告别金色少年,走进精彩青春 / 203

在 2017—2018 学年秋期期中考试动员会上的讲话 / 206

在 2017—2018 学年春期第一次升旗仪式暨开学典礼上的
讲话 / 210

在 2018—2019 学年秋期开学典礼上的讲话 / 214

追寻：每一个生命的光亮

在 2017—2018 年度"感动三中人物"颁奖典礼上的讲话 / 218

在 2018 年度"功勋教师"颁奖典礼暨新年联欢会上的致辞 / 221

在 2018 年中招百日誓师大会上的讲话 / 225

在南阳市三中伏牛路校区周岁庆典暨 2018 届毕业典礼上的
　致辞 / 228

在 2018—2019 学年春期开学典礼上的讲话 / 234

让学校文化和精神照亮你的未来 / 237

在 2019 年中考百日誓师大会暨八年级十四岁青春仪式上的
　讲话 / 242

让"三牛精神"照亮你我的未来 / 245

在 2020 年中考百日誓师会上的讲话 / 249

发掘潜能　遇见最好的自己 / 255

在新团员入团宣誓仪式上的讲话 / 260

家校携手　精益求精　共创孩子的美好未来 / 263

在 2017 年秋期伏牛路校区第一次家长会上的讲话 / 268

宛城区"十大杰出青年"获奖感言 / 276

"南阳青年五四奖章"获奖感言 / 279

在 2021 年宛城区教师节表彰会上的发言 / 285

附　录

学生祝福 / 294

一、教育心语

追寻：每一个生命的光亮

致敬！跑道上的独行者

每天下午阳光大课间，学生们喊着震天的口号，迈着整齐的步伐。他们当中，有一个学生特别引人注目。他是八年级的，我不知道他叫什么名字。他的脚有点跛，估计是小儿麻痹症的后遗症。他跟不上班级的队伍，就一个人在跑道内侧一瘸一拐地向前跑；奋力跑了刚一圈半，他的额头上已经满是汗珠。看到我时，他还不忘一脸阳光地微笑着扬起手跟我打招呼："校长好！"

我的心头猛然一怔，像被什么敲击了一下，一股敬意油然而生：他完全有理由不参加课间操啊！

我不知道他的成绩如何，也不想知道，更没必要知道。仅凭这点挑战自我、拼搏不服输的精神和毅力，就值得我们敬佩。其实，有时候孩子们做的未必比我们这些为人师表的老师们差。这些孩子身上闪耀的人性光辉有时候真的能够照亮成人的心灵。

跑操结束后，随着音乐，各班开始整队做操。我看到他加速跑到了他们班队伍面前。他居然还是领操的！真心佩服他的

一、教育心语

班主任的安排。

由于身体不便,他做操的动作可能不很规范,却非常认真和专心。在他的带领下,他们整个班没有一个孩子不认真做操的。在整个过程中,我发现,他没有一丝一毫的自卑和胆怯,操场上的几千孩子中也没有一个嘲笑他或用异样的眼光看他。即使他挡住了后面班级学生的道,那些学生也总是小心翼翼地从旁边草地上绕过他,跟上队伍,脸上没有一丝嫌弃的表情。非常自然地,他视自己为常人,别人也视他与常人无异。

这是一幅非常美妙的画面。

我顿时觉得我们的老师虽然教学成绩有差异,但在教育上是成功的。因为他们对待学生是公平的,在尊重学生上是无差别的,学生在人格上是平等的。

致敬!跑道上的独行者。

致敬!能给予"跑道上的独行者们"正常成长环境的老师们和同学们。

(2019年每周教师教育感言)

"谁说我眼瞎了？"
——好的关系胜过一切教育

下午课间，我走到1801班的教室门口，只见几个学生在嚷嚷着看门前的学生习作展。丁梁老师从教室里走出来，略带愠色，嘴里嘟囔着："谁说我眼睛瞎了？我眼咋瞎了？"我脑海里顿时浮现出无数个类似学生辱骂老师后，老师发誓"给他点颜色看看"的"混乱场面"。我禁不住停下脚步，远远地看着这一出戏会如何上演。然而，几个学生却并不十分害怕，纷纷指着其中一个孩子说"他、他"。其中一个便红了脸，指着墙上贴的习作展在解释着什么。丁梁老师凑近它，蹲下身子，然后与那几个孩子争辩了起来。我所担心的剑拔弩张的场面没有出现。

我已经不需要知道他们在争辩什么，谁输谁赢，结果已经不太重要了。我只觉得师生这种平等、融洽、包容的关系是校园里最美的风景。

以前，我的办公室有一幅字画："好的关系胜过一切教育，改变关系改变一切。"其实，教育者终其一生都在处理各种关

一、教育心语

系，改变各种关系，最终使被教育者被其影响和感染。所以说，良好的师生关系是教育的前提。古语"亲其师信其道"，说的就是这一原则。

再高明的心理专家在作心理辅导时，首先应用的并不是技巧，而是改变关系，取得对方的信任。我在开学前作新教师培训时，总会有这样一个要求：想尽一切办法，让学生在最短的时间内接受你、喜欢你和崇拜你。建立良好的师生关系、家校关系，看似无用之功，其实玄机尽在于此。从学生及家长每学期的反响来看，效果很不错。

那么，如何处理好师生关系？第一点，也是最重要的一点是，放下老师的架子，蹲下权威的身子，真诚平等地与学生交流和相处，进而与学生打成一片，真正地与学生交朋友。正如丁梁老师做的那样，别的老师认为是辱骂时，他却视之为一种朋友式的玩笑和调侃。这种宽容和大度，自然更能获得学生的崇敬和爱戴。我当班主任时，好多学生也经常直呼我的全名，我听到后没觉得学生不尊重我，我觉得那是他们把我看得近的一种表示。女儿在家里也经常直呼我的全名，难道说我的女儿不尊重我吗？

许多老师的课堂不活跃，师生关系紧张，原因之一其实就是老师"端着权威架子"，不走下"神坛"。其实，学生最喜欢的恰恰是"人"，而不是"神"。他们喜欢有血有肉，既严肃又和蔼，有才华也有缺点的真真实实的人。

追寻：每一个生命的光亮

第二点是真正地把学生放在校园的正中间，把"人"的培育放在首位，把生命的成长看得最重，把爱渗透到每一个细节。我走在校园里，会主动跟学生打招呼，会帮提重物的学生抬箱子，会为遇到的每一个邋遢的男生整理校服领子，会给学生盛饭端菜。今天大课间陪学生跑步的时候，看到跑道上有一只鞋子，我捡起来，举了半个操场找到了丢鞋的那个学生，并让他赶紧穿上。

我什么也没说，老师们都看着，学生们都看着。

我想，我举着那只鞋满操场找失主的那一刻，没有人会觉得他们的校长低贱。

我相信：真诚的爱，是会传递的；平等的姿态，是会影响他人的；和谐的关系，是会传染的。

（2019年每周教师教育感言）

一、教育心语

陌生人，我也向你问好！

作为教育者，我很喜欢海子的《面朝大海，春暖花开》中的那句"陌生人，我也为你祝福"。这体现了一种态度——一种对生活的态度，对他人的态度和对世界的态度。这种态度，直接决定自己的幸福指数。

"我见青山多妩媚，料青山见我应如是。"在车站看见一个乖巧的小女孩，她仰着头向上看，我冲她做了一个鬼脸，她回了一个鬼脸，然后，向我噘了下嘴，最后，开心地笑了。此刻快乐在我俩心头荡漾。一直催促她的妈妈全然不知我们此刻的欢乐。

一位日本教育家说，要培养孩子面对一丛不知名的野花怦然心动的情怀。这其实是一种与世界为善的教育，一种善良和温和的教育，也是一种有温度的教育。这种观念和教育会影响孩子待人接物的态度，能给他们带来好运。

晚上坐出租车，师傅是一个口吃和自卑的人，他只上过小学三年级，甚至读不出我所去地方的名字，我就一直耐心地为他指路。到达后，他恍然大悟："哦，这就是××地方。俺

追寻：每一个生命的光亮

真没文化。"我说："大哥，其实你车技很不错，开车稳当，人品更好，开出租车亏了，该去开大车挣大钱。"他居然很激动，说："俺媳妇成天说俺是个窝囊废，没想到兄弟你真高看我！"他说什么也不要钱。在我的坚持下，他把零头抹了。与人善言，暖于布帛；伤人以言，甚于刀戈。我想，今晚他不管挣钱多少，一定会笑着入睡。

细雨湿衣看不见，闲花落地听无声。教育就是影响。想让孩子做什么，自己先去做什么，想让别人怎么样，自己先做个怎么样的人。我们应做一个善良的人，做一个有品德的人，做一个说话让人舒服、做事让人温暖的人，做一个好人。我也曾将拾到的手机交还失主，多次捡过钱包等过主人，也曾帮拉车的老人推过车，也曾一本书一部剧看得泪流满面，也曾帮助过素不相识的人，也一直温暖地对待在我生命中出现过的每一个人。为师如此，做人亦如此。

（2018年9月，为创建学习型校园，倡导每周每人至少写一篇教育论文、心得感言，这是第一篇）

一、教育心语

读书真的可以改变人生
——我的读书故事

真是天公作美,昨天还是大雪纷飞,今天一觉醒来,居然艳阳高照。昨天下午,我和王校长还在讨论今天的天气和展演是否推迟。她说今天一定会出太阳,我也坚信。昨天晚上读书的时候,我读到一句话:教育就是迷恋他人成长的艺术,迷恋他人成长的人必会被上天眷顾。我认为,今天这个活动,是一个有意义的活动,一个积福行善的活动,一个影响深远的活动,就像今天的艳阳高照。

今天,我不想讲"腹有诗书气自华",也不想讲"阅读的厚度决定人生的高度","一个人的精神发育史就是他的阅读史",更不想面对中国人年平均读书量比较少的残酷现实。

我今天想给大家分享一下我的读书故事。我上小学的时候,家里有电视,但不经常开,闲暇的时候,父母都会各抱一本书看。于是,耳濡目染之中,读书便成了我年少时最大的乐趣。至今我还能回忆起自己七八岁时,一手端碗一手翻书的情景;能回忆起每天早晨,父亲给我提问生字,我用粉笔把三百

追寻：每一个生命的光亮

多平方米的庭院地面写满的壮观景象；能回忆起在作文大赛中所获奖品——一支小小的粉色钢笔的精致模样。

上了初中，功课虽然忙了些，但我总还是能找到闲暇时间看书，哪怕是熬夜，也要把能找到的名家大作读几遍，把哥哥们留下的《大学语文》读几遍。那时最大的苦恼是没有书，而不是没有时间。犹记得初二的一个冬夜，读完《范进中举》，那时的我做梦都想拥有一本《儒林外史》。直到前年重读《范进中举》，我的心像是被什么猛然一击，仿佛又看到了那个十二岁的如饥似渴般读书的少年。于是，我立马从当当网上买了一本。只是此时此景此心情不复当年。不知是年龄使然，还是心情使然，也许是过了黄金阅读期吧，再也找不到当时对书的那种渴望和憧憬。

上了高中，县中旁边不像现在都是各种小吃摊，而是清一色的各种书摊和书店。最快乐的事莫过于周日返校时流连于各种小书摊，书多且便宜，虽大多是盗版的，但并不太影响阅读。《鲁迅全集》《文化苦旅》《围城》《钢铁是怎样炼成的》《平凡的世界》等大部头书别人买十块钱一本，我往往七块钱左右就能买到。我每周的生活费用，一半用来吃饭，一半用来买书。一学期下来，我宿舍的柜子里、床上堆的都是书。"书非借不能读也。"向我借书、还书便成了同学间交流的最主要途径。真佩服那时自己的记忆力超好，一部厚厚的上、中、下三本，五十多万字的《中华诗词名句鉴赏辞典》，我硬是把它背

一、教育心语

了下来。厚积而薄发，每周的作文课几乎变成我那个时期上学的唯一精神依托。就在那时，从大量的阅读中，我渐渐确立了自己的人生观、价值观和努力奋斗的方向。从古今中外的名人传记中，我汲取了大量正向的能量和向上的力量，不断改变自己，挑战自己，完善自己。我从小性格内向，心理素质极差，当众说话都会双腿打哆嗦。读了古希腊的德摩斯梯尼天天口含石子对着大海练习，终成一代政治家和演说家的故事，我获益良多。每当生活或工作遇到困难和挫折时，我都会拿德摩斯梯尼的故事来激励自己：一个口吃的人经过努力都能成为演说家，那么健健康康的我们还有什么做不到呢？

书籍给予我的营养远远不止这些。每当人生遇到挑战，生活出现变故，工作遇到麻烦时，我都会静下心来去读书，从书中汲取智慧和营养，克服一个又一个困难，迎接不断的进步和胜利。

于是，读教学类书籍，初登讲台的我能收到学生的崇拜爱戴和优异成绩的回馈；

读专业类图书，英语基础薄弱的我能登上全省优质课大赛一等奖的舞台，成为多年来南阳县区初中英语教师中的第一个，并且能够有幸参与编写全国英语教材；

读教育类书籍，区区一个普通教师能获得国家、省、市、区政府的多项奖励；

读文学类书籍，一个业余写手能在报刊上发表三十余篇作

追寻：每一个生命的光亮

品，曾为市青少年读书创作协会的会长；

读管理类书籍，一个在南阳都能经常迷路的人能在后备校长的竞选台上滔滔不绝，名列前茅；

读有关人生的书，一个缺点众多的人能团结一群志同道合的高素质人才去兴起一所学校，温暖一个群体，开创教育的奇迹。

我只想说一句话，读书真的可以改变人生。

这就是我的读书故事。下次，我很期待，想听听您的读书故事。

（2018年4月，在全校首届阅读文化节开幕式上的讲话）

一、教育心语

成功背后无潇洒

在 10 月 17 日举行的河南省第十三届初中英语优质课大赛上，我很荣幸地获得了一等奖，填补了宛城区中学英语学科省级赛课奖项的历史空白，并刷新了南阳市近年来英语省赛课的名次。

这是我做梦也不敢想的事，因为英语赛课要求全英语上课，对口语要求很高，而以我的口语水平，在高手如林的名校名师中，等于在千米赛跑起跑线上已落后了别人几百米。然而，我做到了，我相信 80% 的英语老师也能做到。

赛课的准备工作，应该是一年前就开始了。平时上课时，我就有意识地注重全英语教学，同时在网上观看、学习全国优质课教学视频，并下载 51VOA 软件，练习口语。

在比赛前半年，我遍访南阳英语界的前辈专家商讨应赛策略，既然口语不是优势，那就在别的方面寻求突破，在教学设计、教学方法及形式上尽量做得出彩一些。于是，我们一个方面一个方面地练，一个细节一个细节地推敲。好的开头是成功的一半。我首先从上场前两分钟如何进门、表情、走姿、手

追寻：每一个生命的光亮

势、开场语练起。记得暑假期间，光从进门到站到讲台说第一句话，我就练了一上午，练习，看录像，改进，再练习。就这样，上课过程中可能使用的每一句话都是用几个小时练出来的。

为了辅助课堂，我跟从邢燕老师学习简笔画。最后在赛课上用时两秒钟画的那幅画，正是我用一个多月的时间练习简笔画的结果。

为了使导课更加新颖，我决定用歌曲导入。我跟从段成炎老师学习声乐知识并强化训练，最后练到任何一段英文我都能在三分钟内编成英文歌并唱出来的程度。

为了让教学设计不落俗套，我和几位辅导老师一起分析初中英语教学特点，并针对阅读和对话课型设计了一个大致的模板，加以规范整理，在赛前已将这些模式化语言倒背如流。

为了让板书设计更有新意，我从网上买了两套讲述思维导图的书，加以学习，并请教专家如何根据材料内容画思维导图，并反复练习。不到两个月的时间，我已经基本掌握了思维导图的画法。在千篇一律的文字、方框板书中，一幅直观明了的思维导图格外夺人眼球。

为了熟悉各种语言材料，我将仁爱版、译林版、牛津版等十一种教材近千篇课文均按赛课要求实战演练了一遍，每天模拟备、讲课六遍以上是硬任务，如遇特殊情况耽误，第二天会加倍补上。最后，我达到了看到一篇文章就立马考虑导课、设

一、教育心语

计等自动化的痴狂状态，精神高度紧张集中，以至赛前几天整夜整夜地失眠，将所有可能出现的细节及突发情况考虑了一遍又一遍，准备了各种预案。

我不禁想起了一句话："所有偷过的懒，都会变成日后打脸的巴掌。而所有努过的力，也会像撒下的种子，总有一天会生根开花，枝繁叶茂。"

比赛那天，当我彬彬有礼地向评委颔首微笑，气宇轩昂地登上讲台，用操练了上千次的课堂问候语激情澎湃地开始赛课时；当我将抽到的英文材料现场编成歌曲导入时；当我套用训练了几个月的模式展示时；当我用幽默的语言和腔调两次逗笑了评委时——我知道，我赢了。

出场后，我感觉阳光无限明媚。听到有几个口语一流的选手抱怨自己发挥失常时，我心想，那不是因为他们心理素质差，只是因为他们训练不够而已。

成功背后无潇洒。我想说，只要足够努力，没有什么不可能。

（2017年11月，全省英语优质课大赛，成绩揭晓。回顾历程，感慨万千）

追寻：每一个生命的光亮

其实，我们每一个教育者都具备教育家的潜质

经过十几年的教育教学实践，尤其是近几年和全国各地知名教育家的近距离接触后，不断向他们学习，我越来越深刻地感觉到：其实，我们每一个教育者都具备教育家的潜质。

因为几乎所有的教育家都不是教育天才，都是在一点一滴的教育教学实践中，用情、用爱、用心、用勤去抒写一个又一个点石成金的教育神话。

而我们身边的教师，从学历上来看不输于任何教育家。现在的中小学教师，本科已是起点，硕士研究生也比比皆是。教师入口时的基本素质在飞速地提升。

但为何这些出身象牙塔里的高素质的天之骄子在经过数年乃至数十年后，"泯然众人矣"，大多成为一个普通的教书匠了？诚然，教师辛苦、劳累自不待言，教师的待遇及社会地位也有待进一步提高。但作为为人师表的教育者，能不能不被物质蒙蔽双眼，能不能将教育的情怀和激情始终保持下去，能不能多些坚守和付出，能不能多些善良和爱，能不能坚持勤奋和

一、教育心语

执着……这些正是教育家和教书匠的分水岭和区别所在。

从事一线教育教学,我们就比教育家们更多了一些真切的体验和感悟。如果我们能够加强学习和思考,向书本学习,向名家学习,向身边模范学习,多汲取大家的智慧和经验,多学习别人的长处和优点,将实践与理论相结合,不断丰富和完善自己,那我们一定会遇见更好的自己。

如果我们能够笔耕不辍,将一些教育感悟、教学反思、教育故事和随感诉诸笔端,将每一次教育过程中的火花、灵光和智慧留存下来,时时反省、思考,日积月累,你会发现:升华的不仅有智慧和艺术,还有教育的思想和层次。

如果我们能够永葆教育者的本色,远离功利,淡泊名利,静待花开,用情用爱,用智慧和坚持醉心于成就他人成长的快乐中,那么,桃李满天下时,也是我们自身成名成家之时。

不自觉地就想到了这首词:"风雨送春归,飞雪迎春到。已是悬崖百丈冰,犹有花枝俏。 俏也不争春,只把春来报。待到山花烂漫时,她在丛中笑。"

(2018年,为鼓励全校老师做学习型教师,争当名师、教育家型教师,特为全校教师教育教学心得论文集所作序言)

追寻：每一个生命的光亮

总有一种感动让我们泪流满面
总有一种精神让我们砥砺前行
——2014—2015学年感想

这个暑期以来，写了很多份总结，没有满意的，总觉得那些数据和经验是那么的枯燥和乏味，中规中矩的总结总给人以空洞和说教之嫌。2014—2015年，只有置身其中，才能深切体会到个中的酸甜苦辣、五味杂陈。而所有的经验背后都有一个个鲜活的面孔，一个个真实的故事，让人感动，催人前行。

在初三的每一天，都被不同的人、不同的事感动着。那是夏日的一个上午，第三节课前，阳光透过玻璃窗洒在茶几旁的沙发上，有两个人匆匆赶到办公室，焦急地说，刘鑫早上突发脑出血，已送往重症监护室，但他还是让他俩过来交代一下，上午后两节有政治课，让领导妥善安排。我当时眼泪就流了出来："什么时候了，还惦记着课。"我明白"脑出血"意味着什么。真应了那句话，好人一生平安。自从刘鑫很快能够正常上班，我更信服了"好人有好报"这句话。暑假的时候，接到刚出院的刘鑫打来的电话，说要履行请假手续。我又是心头一

一、教育心语

热,这就是我们的老师!

还有丙燕,辞职报告递了多次,我知道她确实是身体有问题。在身体允许的情况下,她又兼了一年班主任,硬是拖了一年才趁暑假做了手术。有几次我看她实在支撑不住,便说:"你请几天假吧!""你早走一会儿吧,班里没事的。"但她不会,只要责任一上肩,她不会使一分虚劲或偷一分钟的懒。生病不请假,白天上课、晚上输液,像这样的人还有很多很多——红娟、闫丽、项颖、朝晖、魏静、王展、晓凡,不都是一样的吗?

还有德元,永远不多说话,但有着极强的执行力,永远把委屈往肚里咽,永远务实和高效率。加班加得让人心疼,多少次见他拎一兜包子飞奔上楼,忙活至半夜!多少次深夜给他打电话安排事务,却不曾听见他半句怨言。苏黎明、张征、君青、秀甫、中雁、陈岚、宗坡、马中文、于长江,这些中层干部、班主任、备课组长不是一样的吗?化学组的小姑娘们为了当天批改完学生作业,午饭都很少回家吃。语文、数学、英语、物理的老师们几乎个个把作业带回家批改……

我总在想:是什么力量能让我们如此忘我?与物质无关,是有一种精神在起作用,是三中积淀百年的文化底蕴在起作用,是三中精神在起作用!

何为三中精神,课题太大、不敢妄议,只觉得包含以下方面吧。

第一是"志当存高远""敢为天下先"的抱负和"亮剑"

追寻：每一个生命的光亮

的精神。

忘不了在做"我们每个人都是历史的创造者"演讲时的群情激昂；忘不了中招誓师大会上师生磨刀霍霍"谁与争锋"的齐声呐喊；忘不了早餐会上，春涛、新霞等"唯我独尊、蔑视天下豪杰"的"不羁与狂傲"，自信心爆棚；忘不了"感恩、回顾、展望"广播会上师生一齐飙泪，侠骨柔肠、重情重义、剑指六月，成正果、断金刚！

志存高远，敢为人先，狭路相逢勇者胜的血性，剑锋所指、所向披靡的气势，已经深入人心，浸润到了三中人的每一处脉络。

第二是荣辱与共、团结奋斗的精神，宽广的胸怀以及舍得分享的心态。

全体教师就像生活在一个大家庭，不分职务、岗位、年龄，每个人都有强烈的主人翁意识和认同感，每个人都无私奉献自己的智慧和汗水。郭校长、陈岚、尚苗苗多次借调外校试卷资料，为"我"所用；邓兰娟、邱聪聪、龚海萍在校外见到一学生情绪低落，一直陪伴他三小时，直到学校领导和家长赶到；田向阳、焦春涛、贾秀甫等每次潜心做出班级教育课件从来都是毫无保留、倾囊相授。同事相处以和为贵，争挑重担，不计小利。遇事忍让、凝聚力强，大家共同呵护三中这艘大船乘风破浪、扬帆远航。

第三是敬畏规矩、顾全大局和负责、敬业、奉献的传统。

一、教育心语

三中有一大批德高望重的老教师，如殿玉、秀甫、李娜、黄云、尚凡、魏晓、爱华、小齐、基磊等。不论是担任班主任，还是做其他工作，他们从来都是严肃认真、一丝不苟、身先士卒。哪怕有再大的委屈，他们也深埋心底；哪怕有再多的不满，他们也从来是先做好工作。不逾矩、不破例，按规矩办事，让制度说话，不摆资格，不提功劳、尊重晚辈、提携后生，令人肃然起敬。在这么一大批老前辈的示范带领下，广大中青年教师一进入三中门就被不自觉地感化和同化，共同汇入"负责、敬业、奉献"的滚滚洪流中，想后退都难。

校兴我荣，校衰我耻。学校兴衰，人人有责。现在，三中崛起的火势已烧了起来，请大家再努把力，再加把劲，再咬紧牙关，再添把柴。

让我们的人生融入三中的脉搏和谐共振！

让一个有百年王者风范的圣地在涅槃中重生再现！

让一个有着贵族血统的名校在拼搏中延续辉煌灿烂的佳绩！

（2015年，南阳市三中在生源基础薄弱、优等生流失严重的情况下，万众一心，同心同德，用科学细致的管理，破釜沉舟的士气，艰苦卓绝的付出牺牲，取得了中招录取市一中人数、各分数段名列全市前茅，全市前十名占七名、前五名占三名的傲人成绩。这是当时毕业班经验材料集的序言）

追寻：每一个生命的光亮

2015年，我们真的没有刻意去培养状元

这几天，微信朋友圈被全省高考文科状元勾艺霖这个名字"霸屏"，也再次勾起我三年前尘封的往事。做教育就是这样，就像之前埋下一颗种子，不经意的一天，忽然枝繁叶茂，花香四溢，回馈你意外的惊喜。

勾艺霖就是这样，在中招考试的时候，她排全校第三、全市第五名。2015年7月6日晚，在我办公室接受《南阳日报》的扈主任采访时，勾艺霖腼腆内向的性格实在让人想不到将她与省状元画等号。

那一年故事实在太多。不必说各项数据和比率在中心城区名列前茅，打破了全市初中固有排名；也不必说多年来首次受到区政府通令嘉奖和获得百万元奖金；说得最多的当然是全市前十名我校独占七名的"奇迹"。以至于作为当时主抓年级的主管领导，我经常被邀请去各种讲座作培优方法的介绍。每次作讲座时，我说的那句"我们真的没有刻意去培优"被视为是最大的矫情。其实，我真的觉得状元是可遇而不可求的，真的

一、教育心语

不是能够刻意培养出来的。学校最多只能提供状元等优秀人才成长的氛围和土壤罢了。

那一年,我们学校的老师都很累很幸福。毕业班教师近百人的团队,就像一个大家庭一样,不分领导和下属,无论男女和老中青,都很平等、直率、简单、和谐。大家为了一个共同的目标去努力,去拼搏,很多事情商量着就办好了。这种正能量和精神上的愉悦,深深地感染了每一个人。正如娜姐和涛哥所说,最开心的事就是早上一起吃饭的时候。马中文和张新文一起"掐架",大家"添油加醋"引起阵阵哄笑。我们互相开玩笑,互相帮忙,互相提醒,互相学习,互相进步,从来没有分过彼此。那种轻松和惬意,回想起来让人留恋。我一直认为,这么团结、和谐、平等的团队有着坚不可摧、无往不胜的强大战斗力。

那一年,我们的孩子都很拼很快乐。有老教师说,总感觉2015届"不务正业般"创造了奇迹。初三一寸光阴一寸金,但我们从来都把升旗仪式上的精神激励当成必不可少的一部分。我们是首个把每周主题班会坚持到初三的一届;我们还是元旦晚会、拔河比赛、运动会、各类讲座、各类活动从不缺席的一届;我们也是在一模表彰会上表扬三分之二学生的一届;我们是设立飞天奖、进步奖、蜗牛奖、团队奖、品德奖等奖项品类最多的一届;我们也是成绩倒数第一的孩子因为义务打扫楼梯一年受到主管校长在全体会上表扬的一届;我们是让全体孩子

追寻：每一个生命的光亮

都活得最有尊严的一届——让孩子站在学校的正中央。我们以仁爱之心做教育，以父母之心做老师，让所有的孩子都阳光、健康、正直、向上、善良、感恩、拼搏。

这样一群老师，这样一群孩子，这就是状元产生的土壤和氛围。

其实，除了勾艺霖的初三班主任张明先外，胡校长、冯艳丽、王丙燕、贾秀甫、田向阳、张征、朱宏宇等近百名老师也付出了心血和汗水。除了状元勾艺霖外，郭宗颖、刘晋晗、吴羽萱、张菡月等学生都考得不错。

2015届所有的老师和所有的学子，不管你现在在哪里工作，不管你高招考得怎么样，我都为你们感到骄傲和自豪！

（2018年7月，高招成绩揭晓，我校2015届毕业生勾艺霖喜获全省文科高考状元，有感而发）

一、教育心语

人是需要有精气神的

人是需要有精气神的。班级是需要有精神的。学校是需要有灵魂的。

人是需要有精气神的。好看的皮囊千篇一律，若无精气神，便宛如行尸走肉。有人说，相由心生，人过了四十岁就该为他的容貌负责。的确，一个简单、单纯、阳光的人，眼中透露着清澈与明亮，脸上的每一个纹理都是舒展的；一个自私狭隘、怨天尤人的人，脸上充斥着阴暗、幽怨与痛苦；热爱运动的人，脸上能看到健康和活力；热爱读书的人，脸上能看到内涵和气质；热爱生活的人，脸上满是幸福和爱；热爱学习的人，脸上满是好奇和灵动；有正义感、有正能量的人，浑身散发出一股浩然正气；私心太重、蝇营狗苟的人，则像小偷一般时时处处局促不安。

你是什么，你便会想什么。鲁迅先生说，一部《红楼梦》，经学家见《易》，道学家见淫，才子见缠绵，革命家见排满，流言家见宫闱秘事。

你相信什么，便会拥抱什么。你把周围人都看成魔鬼，那

追寻：每一个生命的光亮

么你整天就生活在地狱里；你把周围人都当成天使，你就整天生活在天堂里。

你拥抱什么，便会成为什么。最终，每个人都会活成自己期待的或不期待但自己想要的样子。

班级是需要有点精气神的。一个班级就是一个团队，团队和团伙最大的区别就是团队有核心价值理念。电视剧《亮剑》中，李云龙的部队之所以能够无往而不胜，就是因为有亮剑精神：古代剑客们在狭路相逢时，无论对手多么强大，就算对手（方）是天下第一的剑客，明知不敌，也要亮出自己的宝剑，即使倒在对手的剑下，也虽败犹荣。

现在的班级管理要从家长制事务型、简单型、粗暴型向内涵型、智慧型、思想型、精神楷模型、人生导师型转变。不能再局限于"管得住"，要多想想：管住了干什么？我们要建设一个什么样的班级？学生在这个班级里能变成一个什么样的人？能否在学生的一生中起到或多或少正向的影响？班级一旦有了精气神，班级里的每一个人便都具有了一种独特的气质、一种积极的思维和处事方式，必将极大发挥精神对学习的引领作用；充分发掘每个学生的个人潜能，也必将为良好的班风学风助力，为教育教学腾飞插上翅膀。

（2019年4月，听周教师教育心得分享有感）

一、教育心语

爱上上课，用爱上课

题记：迷恋他人成长的人，必定会被他人所迷恋。

我爱上课，是发自心底的，真的不是矫情，从第一天登上讲台到现在，从来没有对上课厌烦过。

刚开学，有老师请假，我代课的那个班正好有一节课与领导班子会冲突。学生来叫我上课，我不假思索地拿起课本，冲出办公室，留下一句"班子会时间另行通知"。一是，我认为，在学校，课堂高于一切，学生的课堂时间神圣不可侵犯、不容丝毫怠慢。二是，我认为，与学生打交道，要轻松得多，也快乐得多。

未到教室门口，我就听到了积极昂扬、振奋人心的读书声。我不由得心情大好，把他们大夸了一番："我认为，你们是全校最好的学生。"他们集体一愣，将信将疑。据说他们班有点乱。

"你们用大声专注的读书声来欢迎新老师，体现出你们的善良、努力和积极。"

追寻：每一个生命的光亮

他们乐了。

"你们此刻的笑容和清澈的眼眸，让我感受到青春的美好和世界的美妙。"

他们笑出了声。

"此时此刻，你们没有一个人不十二万分专注地在听我讲，让我感觉你们有成为全校最守纪律班级的潜力。你们看，这位长得比我还帅的 boy 听得哈喇子都快流出来了。"

他们哄堂大笑。

我站在讲台上，用几秒钟的时间与全体学生作了目光交流，我明显感觉到，那个坐在讲台旁边的学生用轻蔑的眼神表达出对新老师的敌意。只不过他哪里是我的对手。我能在五分钟的接触中说出任何一个人 20 个以上的优点。一句玩笑和夸奖，他就败下阵来，笑得咧开了嘴。

上课铃响了。我说："可能大家觉得英语很难，怎么也学不会，但今天这节课只需要你记住三句话就 OK 了。40 分钟，能记住三句话的请举手。"我看他们每个人都将手举得高高的。

初中英语每节课最多三五个句型，十几个单词而已。学生学不会，不是能力问题，而是兴趣问题。他们觉得学的东西没用。于是，我创设情景：二十年后，这么优秀的你，事业有成，携家人畅游世界。到了美国，一不小心，翻译丢了，这时候你饥肠辘辘，想去找饭馆，那么该如何问路呢？这就很容易引出了英语中著名的问路句型。那群孩子很快便进入了状态，都

一、教育心语

在拼命地记着那几句话,好像记住几句话就能真的环游世界一样。一经提问,多数已将问路句型掌握得滚瓜烂熟。

我如法炮制,又引导他们学会了如何点餐付账的句型。其间,我充足的阅读量终于派上了用场,中外名人趣事信手拈来,世界奇观要闻如数家珍,又时不时拿身边学生举例。整个课堂,丰富夸张的表情和肢体语言轮番上演,唱声、笑声、叫声、欢呼声不绝于耳。我俨然是一个快乐气氛的制造者,抑或是一个活泼的导演。置身于欢乐的海洋,享受着孩子们开心的笑声,陶醉于师生浑然一体的和谐氛围,我忘掉了俗务的缠身和诸多的不快。

下课铃响了,一节课这么快就结束了。看到他们意犹未尽的眼神,听着他们的叹气声,我们不禁感叹:"时间都去哪儿了?"

我简单布置了一下作业,同时宣布,今天课堂当堂复述出课文的十几个学生和主动两次回答问题的十几个学生,今晚作业可以不写。又是一片惊叹和欢呼声。因为我知道,这些学生,越不让他们写,他们不仅不会不写,而且会写得越好。即便真的不写,他们课堂上已经会了,不写又有什么关系呢?

就这样,在他们震耳欲聋的"老师再见"声中,在他们万般不舍和留恋的目光中,我像一个纯粹的孩子,又像个凯旋的将军,满足又通透地离开了教室。

爱上上课,用爱上课。

追寻：每一个生命的光亮

好做老师，做好老师。
对孩子来说，这是积福行善。
对自己来说，这是延年益寿。

（2018年10月，"高效课堂打造年"活动中优质课竞赛后，针对个别教师有"上课恐惧症"，有感而发）

一、教育心语

任何职业都需要奉献精神

不可否认,一个单位的人之间是有差异的。

上周四接到了姚志鸿老师的电话。电话那头虚弱的声音带着深深的歉意,就好像做错了事的孩子一般:"校长,实在不好意思,这段时间头老晕,今天去医院检查,是身体长了瘤子,导致贫血。我们想端午节放假再去做手术,可医生说必须立即做,做前还得先输血……"我打断他的话,让她立马住院。听说替志鸿姐上课,所有领导和老师均很快接受。今天周一早上,六点半,志鸿老师已经拖着尚未痊愈的身体,坐到了教室里。

今天升旗仪式结束后,包班领导送来了各项检查评比表格,看到早读考勤表上为数不多的迟到的,往往是那些活蹦乱跳的85后或90后、拥有研究生或本科学历的年轻老师。更有个年轻老师,嗓子疼、咳嗽都成了请假三天的理由。听说三天之内请假,一般由个人协调安排调课或代课,张嘴就来一句"那我请假一周",噎得人半天缓不过神来。虽然经过领导的劝说不请假了,但说实在话,上班二十年,在我的前辈和同龄人

追寻：每一个生命的光亮

中间从来没出现过此类情况。

社会上很多人，包括很大一部分教师，总把自己弄成悲情角色，一副苦大仇深、"投错了胎"、入错了行、当老师倒了八辈子霉的模样。

引用一句网络流行语，"生而为人，谁都是第一次，谁都不容易"。任何一种行业都有外人所不理解的辛苦，干好任何一种职业都需要奉献和牺牲精神。那种事少钱多离家近的工作只存在人们的梦想中。

医生、护士的夜班，你觉得舒服吗？警察、消防战士的危险，你觉得无所谓吗？现在行政干部的"五加二""白加黑"，你习惯吗？服务人员的忍气吞声、笑脸相迎，你能做到吗？私营企业主们，那种一夜之间愁白了头的苦、时刻如坐针毡的滋味，你体会过吗？正如一位教育界处级干部在假期加班迎检时，看到一位老师携家带口外出旅游发的朋友圈时发出的感叹那样：还是当普通老师舒服啊，干完自己的事儿，教完自己的课，就能有自己的生活。正所谓责任越大，自由度越小。

这世上没有好干的职业和岗位，任何职业和岗位，没有奉献和牺牲，都将是不可想象的，也是不完美的。

我们不能只看到别人光鲜亮丽的时刻，看不到别人咬牙坚持和拼搏的时候。

我们不能享受自己权利时，恨不得掘地三尺，履行自己义务时，巴不得躲到九霄云外。

一、教育心语

正因为有了奉献和牺牲,这个世界才会这样美好。

正因为有了拼搏和付出,我们的人生才这样精彩。

对芸芸众生来说,快乐的人生其实只有这样一种模式:辛苦并快乐着!

(每学期期末考试前夕,也是教师们感觉最累的时候,这是 2018 年 6 月的发言)

追寻：每一个生命的光亮

教室里的感动

在一天天临近中招考试的日子里，看着倒计时牌上鲜红鲜活跳动的数字，看着教室里的一幕幕，我思想感情的潮水在不断地奔流着，给我力量，让我收获感动，顿觉催人奋进！

九年级的老师们（其实，七、八年级住宿班的老师们也一样），很早就开启了"6+16"工作模式。清楚地记得，2018年9月2日晚上十点二十二分，开学的第一天，七、八、九年级住宿班全体班主任自愿陪伴学生。值班群发的短信是："十点多，亚丽还在教室，张凡还在办公室备课，班主任今晚全部去查寝了。"我们的这些老师，每天从六点半到十点半，整整16个小时的工作强度。他们累了，就趴在教室后面的桌子上眯一会儿，饿了，就去食堂简单吃一口，然后立即返回教室。这样的日子，坚持一天不难，但坚持一月，坚持一年，实属不易！王雷、群建、闫震、贾伟等领导更是一如既往地陪伴左右，从不间断。

从春节过后开始，我们的贾主任、亚校长、亚丽主任、王校长就开启了一周六天的工作模式。眼看着孩子们的体育成绩

一、教育心语

一天天没有长进，王校长和贾主任袖子一捋，说："算了，我们周日再加半天班，让学生们专门训练体育，用我们的半天换孩子们体育考试好成绩，值了。"于是乎，他们的周末从此之后便只有半天。

九年级的老师们以校为家。记不清从什么时候起，他们把办公室搬到了教室。只记得从一开始九年级的教室后面总是坐着两三位老师，或批改作业，或辅导学生。早读，课间，晚自习时，总见他们一对一的辅导，在培优补差。

早读是七点十分开始的。可是，不知从什么时候开始，老师们来得越来越早，学生们六点半到教室，已经看到老师们忙碌的身影。晚自习也没有要求老师们坚持到十点，但一年下来没有几个班主任在九点晚自习下课就回家的。

三中伏牛路校区，比奉献、比拼搏、比牺牲的风气已经形成，按照规定时间下班就走，反倒会觉得不好意思，更不用说偷奸耍滑了。我亲眼见许多中午十二点十分左右骑着电动车离校的老师，见到我还会红着脸解释："今天中午孩子他爸有事，我得去给孩子做饭。"我说："其实，你已经下班很晚了，没必要跟我解释。"

在老师们的感召下，我们的家长也踊跃到校，当起了志愿者。他们给全班孩子带来了足量的西瓜、桃子等时令水果；带来了堆积如小山般的去火凉茶；带来了成箱的板蓝根等药物；还带来了用菊花、绿豆、冰糖、竹叶等亲自为学生们精心熬制

追寻：每一个生命的光亮

的凉茶。

六月的教室，闷热如蒸笼，孩子们却没有一个走神、打瞌睡的，都在专注地听讲，做题。他们那坚毅、执着的眼神，让人觉得一瞬间孩子们都长大了，忽生欣慰，忽生爱怜……猛然间，一位同学的茶杯"嘭"地掉在地上碎了，坐在后面的我吓了一跳。孩子们却没受到什么影响，甚至连扭头看一眼的人都没有……

骄阳似火的六月，师生备考的热情有增无减。感恩有你、有我、有他，我们一起负重前行，我们一起努力拼搏。我们比任何时候都更接近梦想。

（2018年6月，在全校各班转一圈后，汗流浃背，心中满是感动）

一、教育心语

最　美
——致孩子们

如果把周围的人都看成是天使，你每天就都生活在天堂里。

如果把周围的人看成是魔鬼，那么你每天都生活在地狱里。

孩子，早读时，你旁若无人般大声读书的样子最美。

孩子，课堂上，你专注听讲的样子最美。

孩子，校园里，你弯腰捡起纸屑的样子最美。

孩子，宿舍里，你一边泡脚一边读书的样子最美。

孩子，迎面走来，你满天欢喜地跟老师打招呼的样子最美。

孩子，操场上，你拼尽全力咬牙跑完1000米的样子最美。

孩子，自习课上，你耐心地为同学讲题时的样子最美。

孩子，课间里，你拿着书本追着老师问问题的样子最美。

孩子，运动场上，你生龙活虎的样子最美。

孩子，舞台上，你惟妙惟肖进入角色的样子最美。

追寻：每一个生命的光亮

　　孩子，公交车上，你起身为老人让座的样子最美。

　　孩子，在家里，你为父母端茶做饭、分担家务的样子最美。

　　孩子，开水房前，你排队守规矩的样子最美。

　　孩子，雪地里，你和几百名师生一起跳兔子舞时，开心的样子最美。

　　孩子，在台下，你发自心底地为他人鼓掌的样子最美。

　　孩子，任何地方，你努力向上成长的样子都是最美的！

　　（2017年3月，在各班教室里看到孩子们自信、坚毅、勤奋、专注的神情后作）

一、教育心语

英　雄

期中考试成绩出来后,看着成绩单上一串串鲜活的数字下对应的一个个名字,我脑海中反复涌现一个词:英雄。

我觉得他们是当之无愧的英雄:雪伟、丁梁、亚丽。两个多月的努力用心工作,使一个班的成绩突飞猛进,甚至是同类两个班的总和,平均分以四十几分的幅度得以提升。平稳发展下去的话,这班里差不多所有学生都会进入全市最著名的一中和五中。对于我们大部分学生的家庭来说,通过学习改变命运还是最重要的。他们提升了这些孩子的整体层次,影响和改变了这八十几个孩子的人生走向。功莫大焉!

我觉得他们是当之无愧的英雄:佩珊、继英、志鸿、长玉、王英、群建、王瑞、张敏、焦玲。他们以一己之力,以一门学科的重大突破,冲破了固有的层次,改变了班级的排名。每一点成绩,哪怕是小数点后面一点点的进步和提升,肯定也来不得半点敷衍和马虎。他们通过牺牲和奉献,打造学科大厦的独秀,一点一点堆积着学生优秀、班级辉煌的基石。因为有他们,这一切才更美好。

追寻：每一个生命的光亮

正如我在全体会上说的，哪里有什么岁月静好，只不过有人在替我们负重前行。如果把学校比作一艘航船的话，是他们拼尽全力使这艘大船向前行驶得更快。他们为我们每个人都带来了荣耀和自豪，我们每个人都应该感谢他们。

对薄弱学校来说，想复兴本来就难。对一个积贫积弱、沉疴更甚的薄弱学校来说，想尽快复兴则难上加难。这意味着所有人必须付出更多努力，做出更大牺牲，吃更多的苦头。在自身条件不具备的情况下创造条件，抢抓机遇，弯道超车才行。

回头看看我们所有的教职工。我觉得他们都是当之无愧的英雄。由于我校学生人数增长太快，超低的师生比使每个人承担了更多的工作量。身兼两职、三职已是普遍现象。尽管如此，叫苦的却没有。即便受了委屈，他们仍然本着师者良心把孩子教好，把本职工作干好，以仁爱之心做教育，以父母之心做老师。

在我的心目中，每一个善良、正直、勤奋、向上的人都是英雄。

我期盼着有一天，这些英雄的功绩早一天有更多人知晓；

我期盼着有一天，这些英雄可以不这么辛劳。

（2019年11月，期中考试表彰会后作）

一、教育心语

你很重要，你最珍贵

在期末复习阶段，在深入班级和课堂的过程中，我最深切的感受是，在教与学的过程中，教师所起的作用真的是太大了。无怪乎人们常说，一个人遇到一个好老师，是一生的幸运。

老师是什么样的人，就会带出什么样的学生；老师怎么样，学生便怎么样。开朗活泼的老师能带出一群青春朝气的学生；沉稳严谨的老师带出的学生往往心思缜密；大气豁达的老师带出不拘小节的学生；追求卓越的老师带出的学生连跑操口号都是誓争第一！均衡的分班，三个月之后甚至一两周后，由于班主任的不同，班级就会出现差异。责任心强、业务水平高、有爱心、懂教育的班主任带的班里的每个人都是规矩有序、文明得体、积极向上的好学生。而不可避免地，有些班级，因老师能力和态度的差异，整个班级纪律涣散，学习习惯差，教学效果低下。孩子们在这样的一个班级里，除非意志极强者，否则很难有大起色的进步和作为。

除了班主任，同一节课由不同的任课老师上则有不同的效

追寻：每一个生命的光亮

果。思路清晰、教学目标强、课堂效率高的老师往往可以让学习在课堂上真正发生，让学生在课堂上收获多多。反之，则会出现纪律和秩序差、低效甚至无效的课堂。

教师可能是影响人生的导师。

教师也可能是杀人不见血的"刀子"。

所幸，我遇见的良师总远多于劣师。

晚上学生去吃饭，亚丽在班里陪伴未吃饭的孩子；袁琦、翠翠下课后，利用饭前饭后时间培优辅导学生，辅导结束后，袁琦饭都没吃就开始上第一节课，家中还有生病的母亲，袁琦不耽误一节课，连加班辅导也不耽误。什么叫师德高尚？坚持竭尽全力做好该做的和能做的就是。

期末考试一天天逼近，任课老师满腔热情地备战期末。王瑞、松博现在进班更勤了；秀珍家里事没忙完，就风尘仆仆赶到学校，冲进教室检查落实；群建主任那么忙，还每天中午抽十分钟让学生们做题，下午已经批改完毕习题，晚上讲解读背；栋梁争着上课，反复强调易混点，逐个落实；代新老师身体一直不好，但没有请过一天假，没有耽误一节课，这两天也加班加点抢着上课。我怕他累着，给他搬了个凳子，让他坐着讲，他却说："没事，站着讲气势足，学生们听得专心。"

晚上六点半，张敏老师给孩子们加班讲课，中间曾一度咳嗽得几乎说不出话。讲完课，他一再跟学生说："耽误大家吃饭

一、教育心语

了,对不起大家……"

可敬的老师们,你们很重要,你们最珍贵!一定要保重身体!

(2018 年 6 月,听课后作)

追寻：每一个生命的光亮

师德微故事三则

上厕所风波

他是一个聪明但淘气的孩子，上课说话，作业不愿写，一刻也坐不住。有一段时间，他总是作痛苦状说肚子疼，要去厕所，我讲得正起劲，大手一挥："去吧！"他立即像兔子一般跑了出去。如是再三，以至学生送他外号"厕所刘"。终于有一次，他露馅了，谎称去厕所，实际上却是去小卖部吃冰棍。结果被校长逮个正着。校长不分青红皂白地训了我一顿，我低下头，咬紧牙关，用眼的余光狠狠瞪了他一眼。他似乎知道错了，涨红了脸。我没来得及训他，便去上课了，正讲着，发现他一反往日好动的现象，趴在桌子上，额头上渗出豆大的汗珠。我走过去，低下头问他："怎么了？"他用极低的口音说："肚子疼，想去厕所。"那腔调听得出，他自己都不指望我相信他。同情心立刻战胜了刚刚的愤怒，我仍旧大手一挥："去吧。"他犹豫了一下，大步走去了。之后，他再也没上课时去过厕所。成绩也考到了班里的中等。

一、教育心语

有时，宽容和信任比批评更有效。

关于爱情

那是一个春天。春意盎然，当然也有青春萌动的时候。从一年级以来，他一直稳居班级第一名。只是在初二的这个春天，他有点儿魂不守舍。

一天数学课上，我走到他身边，他却全然不觉。他在纸上大大地写了一个"爱"字。我伸手拿起来。他手一颤，像做贼被发现一般，脸红到了脖子根儿。我随即放下了。

下课后，他找到我："老班，我错了。"我故作惊讶，笑着问："你哪儿错了？"他说："我不该写那个字。"我接过那个字说："嗯，字写得不错。"他越发羞红了脸。

我接着说："爱是个美好的字眼。没有爱，人类就不能延续——当然了，也没有你。爱是世间永恒的主题，爱没有错。"

他惊讶地抬起了头。

"青春期对异性有好感是正常的，几乎每个人在此阶段都会有。"

"你也有吗？"他眨着眼睛狡黠地问。接着，我告诉他："我上初二时，喜欢我班里的一位女生。有一次，看见那女生在前面骑车，我骑着车子像风一般地追上去，想炫耀一下车技，结果刚到女生前面，摔了，新裤子裂开了缝。我心目中的

追寻：每一个生命的光亮

那位女神，不仅没关切同情我，反而在一边幸灾乐祸地大笑。她银铃般的笑声是那般的刺耳，毁了我对她所有美好的想象。"

有趣的是，听完我的故事，他竟主动说，他喜欢我们班的学习委员，他现在很苦恼，但不知该怎么办。我首先夸他眼光不错，然后替他设想了一下：假如他就像现在一样，成绩下滑，考不上大学，找不到工作，学习委员还会跟他在一起吗？他失望地摇了摇头。我不失时机地继续为他设想：二十年后的一个黄昏，夕阳无限好，他的水果店前，一辆轿车戛然而止，他二十年前喜欢得不能自拔的那位学习委员从车里走了下来，不，那时她已是贵妇，挽着老公的手，询问水果的价格。他摆摆手示意别说了，眼眶竟噙满泪水，我知道那大多是悔恨。

接下来的故事想必大家也明白。

第二天，他找我讨教时，我学任小艾的办法，告诉他把那位学习委员的 20 条缺点列出来。结果他找出了 50 条，以至于一见那女孩，他就怒目相向。这个偏激的家伙！我又让他找出人家的 20 条优点，他总算把心态放正了。之后，他一直勇往直前，前年收到了华中科技大学的录取通知书。

现在想想，有时，平等交流比武断干涉更重要。

道歉事件

那是我才上班时，接了一个令校领导都头疼的班，班里学风涣散,师生情绪对立严重。一天,一个调皮的孩子迟到了。我终于忍不住了,劈头盖脸地训了他一顿,看他不服气的样子,我使出了撒手锏——叫家长。下课时,他的同桌,一小女生跑过来告诉我说:"老师,他在上学路上捡到了一个皮包,便把它交到派出所。这才迟到的。"顿时,我惭愧不已,该怎么办?是装作不知,还是承担鲁莽后果向他道歉?我犹豫了好久。一节课下课后,班会时间,我大步登上讲台,先表扬他拾金不昧的举动,号召大家向他学习,接着又诚恳地就自己的工作方法和态度向他道歉,并鞠了一躬。班里霎时间寂静无声,随即掌声汹涌而至。

奇怪的是,这以后,我说话,他们愿意听了,师生间的对立没有了,班级考试成绩从期中七科倒数第一变为期末三科正数第一。

有时,低下头来比高高在上更能赢得尊重。

(2013年,参与"师德微故事"征集活动,为命题作文)

追寻：每一个生命的光亮

每一点爱，都不会白费

一直以为闺女不爱我，因为我陪伴她的时间少之又少。偶尔有时间给她做顿饭，或陪她逛个街，她总说"饭菜口味差""审美眼光差"等，给我以迎头痛击，挫伤我的积极性。

今年春节期间，我应邀为一得意门生证婚。席上的学生或在攻读博士学位，或是年薪百万的世界知名企业骨干，或是留学海外的高才生。他们轮番给我敬酒。看到弟子们如此有出息，我心里高兴多喝了几杯。回到家，闺女已睡着了。胃里一阵翻江倒海，就在马桶前吐了起来。须臾，门开了，只见闺女披着衣服出来了。她手里拿着几张手帕纸，轻轻地给我擦拭了嘴角的污迹，之后又倒了一杯温水，喂我喝下。我胃里千般难受，心里却暖意融融。我一直以为，她一个年仅11岁的孩子，自己都照顾不好，怎么可能会照顾他人；一直以为，她很嫌弃我，怎么可能心疼我；一直以为，现在的孩子不会体会父母的良苦用心。可是，那一刻，我真心觉得，每一点爱都不会白费。由此想到，有时出差超过三天，她就会给我发短信，虽然不是关切之语，可我感受得到她对我的想念。

一、教育心语

开学前千头万绪、焦头烂额之际,忽见一大学生推门而入。经典性的招呼语"Hello,我来了!"让我猛然一愣,定睛一看,旋即清醒过来:这不是我以前的学生小镯子吗?她一见我便滔滔不绝地讲了起来:明天就要开学了,抽空来看看我。她用自己的压岁钱给我买了几盆文竹,还给我精心挑选了一个茶杯。我嗔怪她的同时,居然发现茶杯的内壁还带着水珠!可见她在家里已经把茶杯清洗得干干净净!多么用心的孩子!那一刻,我真的非常感动。她继续在回忆我教他们时的点点滴滴。我对他们的批评恼怒全忘掉,处处都能记得我的好。我硬是插不上话。她看我屋里有人,加了我的微信,便蹦跳着离去了。后来,我才得知她坐公交车花了一个多钟头才找到这里。这么冷的天!这傻孩子!

工作上的憋屈和愤懑很快被一扫而空。虽然诸事并不一定顺意,但天道有常:心若灰暗,则阴霾满天;心若向阳,则霞光普照。

很多时候,我们有意无意地布施出的每一点爱都不会白费,就像不经意撒下的种子,即便你已经忘了,但总有一天,它们会静静生发,破土而出,并长成枝繁叶茂的大树,给人额外的惊喜!

(2020年3月,开学伊始,千头万绪。几年前毕业的学生李镯看望我后,愁绪、烦闷一扫而空)

追寻：每一个生命的光亮

致敬可爱的人
——一位校长的真情告白

这是一片沉寂了太久的土地。

这是一群胸怀梦想且负重前行的人。

这里承载了太多的希冀与渴望。

2017年6月19日，校园里的石榴红了，一如孩子们脸上如花的笑靥。

慕名已久，初见王瑞、建华与志鸿三人，那气质，不禁让人想起"腹有诗书气自华"，让人肃然起敬。课堂上更是行云流水，只觉得听课是种美的享受。几次假期额外加班都有他们的身影，从不叫累埋怨。我一向认为但凡有本事的人，脾气也大，但他们的行动颠覆了我的成见。

传梅是每天都早于学生到校的。我不禁想起一句话："一个人做一件好事并不难，难的是一辈子做好事。"传梅应该属于这样的人，从她身上我看到了学校的希望。

瑞青和王艳让我见识了什么是认真，每节课前那卷子上记得密密麻麻的批注，体现了她们备课的精心。以爱育爱，以心

一、教育心语

换心,怪不得孩子们那么喜欢老师们。

放假期间临时通知开会,宛萍的孩子突发重病,可她还是按时来了,也不知道经历了多少难、孩子怎么样了。看到她,我的眼泪直往外涌:其实,你完全有理由不来参会的。

突然有临时任务,贾伟在高速上得知后,取消行程,在最近出口往回赶。开会那天学校来不及买水,你把自己车上的矿泉水往外搬。我还要说什么,我还能说什么?

为"创文",放假至今,中层以上人员一天都未歇,群建、万里、永龙、晓云、李岩整理档案一遍又一遍;王雷、金金、德玲咨询服务、考务组织,经常忙得汗水湿透了衣衫;闫霞、晓楠加班加点,从来都是个人事小工作为先;继英、董娟文采飞扬,为赶稿子忙到凌晨两点,真是披肝沥胆。

红岩、杨校、刘校年过五旬,搬起桌子来不输旁人。老哥您悠着点儿,让我们来,累坏您,我可没法给孩子们交代。

吴校善良、正派。早知道要走,还坚持站好最后一班岗。收到调令的前一小时,您还在一丝不苟地忙工作,您的敬业让人肃然起敬!

袁铮、王瑛、艳阳阳光健康,正能量爆棚。"中考我的学生考了满分!""相信我们学校的春天到了,随时听候差遣。"自信、温暖的话语让人相信这人世间的美好。

李帅、士晶、永旭、春晓初入教坛,虽屡受挫折,但不服输的个性和严谨的工作作风令人感叹后生可畏。

追寻：每一个生命的光亮

丙燕、张征，一个闺女即将初三，另一个孩子刚呱呱落地，能够舍近求远、淡泊名利，那一定是情怀和梦想的力量。

飒英、祯璐、飞飞，在荒芜的知识大漠中恪守一片人文与书香的绿洲，树立以古典情怀做现代事业的典范。

德玲身怀六甲，坚持带队领考，尽忠职守，坚持到最后一分钟。那幸运的宝宝以后会为他的母亲感到骄傲和自豪。

袁琦、秀珍，虽然你们的孩子们淘气，甚至不听话，但你们往那里一站，便站出了一道风景，爱和美的力量能冲破一切樊篱。

自富、德玲，有些活可以让孩子们替你们干的，很多事你们却身先士卒。我想，你们那汗湿的背影，一定能让孩子们回忆起家里亲人的模样。

佩珊、连群和松博，英语组的顶梁柱，从不会因为分数而影响你们对工作及孩子们的热情和耐性。

庆旭、张敏，你们纵使内心有万般的委屈和不甘，也会顾全大局完成任务。

焦玲、亚丽，端庄美丽，更有一颗孜孜以求的心，出众的成绩印证着她们执着的收获。

看到永赟、国玉、云广，我只能想起一句话："老骥伏枥，志在千里。"上课有板有眼，规规矩矩。

可敬可爱的兄弟姊妹们，这些我都记着，并将永远记着。

我已经深深地爱上了这片土地，以及在这片土地上辛勤耕

一、教育心语

耘的人们。

如您不嫌弃,我们将一道,连同我胸中沸腾的热血和浓浓的教育情怀,为尊严而战!为荣誉而拼!为使命而搏!

我坚信:"精诚所至,金石为开。"没有渡不过的河,没有迈不过去的坎,没有比脚更长的路,没有比人更高的山!兄弟齐心,其利断金!

我们终将化腐朽为神奇。

我们终会再次创造教育的奇迹。

我们终要把成功的大门开启。

很有幸与你们牵手同行。

人生得"众知己"足矣,斯世当以同怀视之。

(2017年7月24日夜,到新学校几周后,深深爱上了这里的人,乃至这里的一切)

追寻：每一个生命的光亮

给六全的第一封"情书"
——何其有幸遇见你

诗人说，每一次离别都是一次小型死亡。

这次暑期的离别，便是再次的涅槃和重生。

初到六全，虽困难多多，但我也感恩连连。

早已看惯动辄塞下100多人、连卫生洁具都无处安放的教室，突然有幸感受三四十人的教室后面可轻松容纳数十人一起翩翩起舞；早已闻惯夏季脚臭汗臭夹杂的"五味俱全"，却突然有幸享受教室巨大落地窗旁空调吹来的习习凉风；羡慕了好多年北京、上海知名大学研究生宿舍的独立卫生间、阳台和风雨操场，突然间一下子全部拥有了：我不禁相信工作和生活的美好。

"国内领先，省内一流。"300亩的校园，近10亿元的投资。分明是一所大学的规模和配备。

何其有幸遇见你，第六完全学校。

所以定位高端，目标高远，以便与你相配！

一、教育心语

以前，在电视上和新闻里，我们经常见到各级领导或者冒着酷暑，或者踩着泥泞，或者顶风冒雪，关心支持着学校的每一步建设和发展，解决着每一个细小的障碍和困难。但是，我从没料到过千万人口大市和近百万人口大区的决策者们如此亲民，如此尊师、爱生。

从校园排水，到大门设计；从倒排工期，到日夜现场督查；从停车场修建，到校园绿化保洁……书记、市长、区长、局长，没有一个细节不倾注着他们大量的心血，没有一步进展不体现着他们对教育的深厚情怀。

何其有幸遇见你，六全的决策和推进者们！

所以我要殚精竭虑，夙兴夜寐，以不负重托。

面向全国引进教育人才；面向全区选拔学科带头人；面向社会招聘社团辅导教师。

教师平均年龄三十三岁；均为中级以上职称；五年内平均获得省、市、区表彰十三次。

从早上五点五十分的早操，到晚上十点四十分的查寝，人人都是唯恐落了后。哪里还用查岗和查课？

备课，上课，听课，研课，教研，辅导。个个精益求精，比学赶帮。哪里还用提醒和督导？

我深深地记得你们每一双清晨布满血丝却精神饱满的

追寻：每一个生命的光亮

眼睛。

我深深地忆起你们每一个夜晚，拖着疲惫的身躯，查完寝回去的背影。

我深深地感受到你们背起生病的孩子就医时的坚定与执着。

我深深地铭记我们一起许下的誓言和对自己的期许。

我深深地怀念我们参加培训时一起落过的泪、跌倒时你们伸出的每一只手和递过来的每一杯水。

何其有幸遇见你们，六全的元勋教师、家人们。

所以我要努力奔跑，不断进步，以跟上你们的步伐，与你们同频共振。

首届440名学生中的98名，三年前，你们选择相信我。三年后，你们再次选择相信我。人生中最重要的六年中学时光，都托付于我，无异于以前途和命运所托。

其余的342人大多是听了我的考前复习指导32场中的某一场而义无反顾过来的。在七月份报考时，学校位置连导航都搜不到，教学楼主体还未完工，围挡都没拆，俨然一个工地！能否如期建成开学，所有人都捏着一把汗。就是在如此的条件和背景下，你们和你们的家长仍然毅然决然，仍然坚信不疑！

我深深地知道，为了报考，你们家庭内部肯定有过纠结与矛盾。

一、教育心语

我深深地理解,为了报考,你们家庭可能发生过争吵甚至"大战"。

所以,每一个选择六全的孩子,我都当成是生命所托!

这就是我们千方百计、尽心竭力地为孩子升学寻找更便捷通道的原因。

这就是我们"着眼于孩子一生的发展,真正做适合每一个学生的教育"的动机。

这就是我们"把孩子在校的每一分钟都不虚度"的动力。

明白了这些,你就会明白,我们以父母之心做老师,以仁爱之心做教育,绝不是一句空话。

明白了这些,你就会懂得,我们提出的"假如我是孩子,假如是我的孩子"两个教育前提产生的背景和内涵。

明白了这些,你就会理解,我们见不得任何一个孩子掉队和伤心落泪。

明白了这些,你就会习惯,我们为高个子学生单独定制大床的努力和为学生打伞时淋湿的后背。

何其有幸遇见你们,六全的孩子!

所以我要披肝沥胆,全心陪伴,以和你们共同成长,休戚与共!

何其有幸遇见你们,做我们更好的自己!

感恩、感动、感激、感念所有遇见。

追寻:每一个生命的光亮

何其有幸遇见你们,斯世当以同怀视之。

情怀、责任、担当、奉献、信任、情义,在我心中重千钧!

往后余生,你在我的航程上,我在你的视线里。无论悲伤,还是欢喜。

(2020年9月29日)

一、教育心语

给六全的第二封"情书"

——你好，白佳宝！

你好，白佳宝！

佳宝，三年前就认识你，缘于有次早读，别人都是坐着读，你在教室后面的座位上站着读。

我走过去问："怎么了，孩子？"你没有回答我，只是涨红了脸。

我明白了，估计是昨天的早读任务你没完成，老师执行了一个小惩罚措施。

我不再追问，只是轻轻地拍了拍你的肩。我看到了英语书上你的名字：白佳宝。很好听、很好记的名字。我想，你父母一定很爱你、很宠你，才给你取了这么个名字。

只是父母再宠你，在学习上和生活上有些东西你早晚还是要独自去面对、去承担。

往后，我再到你们班，总是有意无意地关注你一下。我发现，当黑板上列着任务未完成的学生名单时，你的名字却很少再次出现。

在一些关键的时间节点，每次去你班演讲时，那些鼓掌最

追寻：每一个生命的光亮

起劲儿的、眼神最专注的、笑得最开怀的、回应最大声的学生中总有你。

我知道你不属于班里学习成绩优秀的那一批，但是我仍然莫名地非常喜欢你。

于是，再从你身边走过时，我会多停留一秒；会在你激情读书时，顺手整理你窝在棉袄里的领子；会在你专注做题时，捡起你掉落的橡皮；会在你冬天手生冻疮时，把我的护手霜放在你的桌上；会在你周末返校时，帮你抬满满一大筐的书。你不像别的孩子一样受宠若惊，而是自然接受并礼貌地答谢，这倒让我非常受用。

在六全高中报到那天，我和全体领导班子西装革履、佩戴领带，"全副武装"地站在门口迎接新生。碰到的第一个熟人竟是你。虽然凭成绩你完全可以报考老牌高中，虽然当时学校工地上还有成群的工人穿梭，虽然当时学校还没有完全建好，但丝毫没有影响你对"六全"的兴致。我心中升腾出一股感动。你高兴地与我打招呼，人流匆匆，我们一笑而过。

再后来，我们提倡利用好在校的每一分钟碎片时间。开学第二天，在学生排队等待打饭的间隙，我远远看见一个学生拿着小本子在读书，我拿出手机准备拍照，走近一看，竟然是你！我按捺不住激动，"狠狠地"当众大声表扬了你，并拍照转发班主任微信群，号召全体学生向你学习。自此，全校学生们排队时看书、等待时读书、等操时背书、就寝前看书……蔚

一、教育心语

然成风。

然后,你不断给我惊喜,一次又一次主动闯入我的视线。我不再打扰你,只是默默地看着你。

激情站读,你忘我地投入,引领全班专注读书。

阳光早操,你在队伍中铿锵有力、严肃认真地喊着口号,每一个动作都标准到位。

自习课上,你站在讲台上为学生讲解习题,让我联想多年后又一个优秀教师的模样。

学生会竞选,你那种自信、阳光、从容、大气,感动了在场的评委,你成功竞选上学习部长,我真的为你高兴。

多次看见你在走廊里一本正经地向部里的干事们讲着规则、方法和要求,组织各项活动,我心中窃喜:孩子们的潜力真的不可限量。

和你谈心时,你对你自己的缺点和不足,清楚得如明镜一般。我们相约改正的期限。击掌时,你的坚毅和坦荡让我敬佩。

听说月考,你又进步了几百个名次。当你站在我面前时,我发现我已经不能够再拍你的肩了,因为你的个子已经高过我一头了。和你说话,我得仰视着你。

孩子,我愿意仰视你。孩子们,我愿意永远仰视你们。

(2020 年 10 月 16 日)

追寻：每一个生命的光亮

给六全的第三封"情书"
——致敬，英雄！

近几天，梦中总出现电视剧《亮剑》中的经典情节和台词。在艰苦卓绝的斗争中，敢于亮剑、敢于胜利的精神和亲如手足的战斗情谊，深深地震撼、感动和激励着我，以至于多次睡梦已醒，泪痕仍在。

感动我的不只梦中的剧，还有现实中的景。剧中的情景和我们六全的现在是何其相似。在所有已经招生的完全学校中，六全位置最为偏远，配套设施最为滞后。因此，首届学生入学时分数在这届高中是最差的。可就是这样的学生基础，没有老师气馁，更没有老师抱怨，更多的是自我安慰：说明我们的学生提升空间大。

在月考分析会上，更有老师们摩拳擦掌：我们学科力争考全市第一。中招考试尚有 100 分左右的差距，要想在一两个月内赶上，简直是天方夜谭。可是，我没有打击老师们的积极性，只是朝他们挥了挥拳头，说："加油！"

开学两个多月，岁月铭刻拼搏，历史会告诉未来。

一、教育心语

山有峰顶，海有彼岸，漫漫长途，终有回转。期中考试成绩揭晓，很多人热泪盈眶：学生总分平均提升了53分，超越了中招录取分数线比我们高的5所同类高中；与中招相比，语文、英语、政治等学科的平均分超过了市属同类高中或县区的省级示范性高中；有四个班级的学科平均分甚至接近南阳市的顶级高中；一本二本的模拟分数上线人数与中招考试相比，有了四到六倍的突破；近200名学生在全市进步超过1万个名次。

拼搏的学生们，你们真的了不起！

拼搏的老师们，你们辛苦了！

我们深知：哪有什么岁月静好，只不过有人在替你们负重前行。哪有什么前程似锦，只不过有人铁棒磨成针。

从一天18个小时的陪伴，到日日清、周周清的过关；

从早上五点多的早操，到晚上十点半的查寝；

从个性化培优，到逐人逐科一个也不能少的习惯；

从集体备课、课例研究，到一课一研；

从每天的晨会激励，到主题班会点燃；

从学生生活、学习习惯的矫正，到要求每天进步一点点；

从丰富多彩的社团活动，到各种兴趣班的开展；

从限时测试，到周考的规范化演练；

从添衣加被的提醒，到亘古不变一日三餐的关切；

从小组竞争PK，到挑战竞争对手的铮铮誓言。

每一月，每一周，每一天，每一节，每一秒，都做到了

追寻：每一个生命的光亮

极致。

那些以校为家的人；

那些生病凑假期去医院的人；

那些为了别人的孩子，把自己的孩子托给父母管的人；

那些为了守护孩子安全，一直住在学生宿舍的人；

那些心有梦想、胸有情怀的人；

那些业务水平高超，爱心满满的人；

那些为了学生前途，默默努力改变的人；

那些为了顾全大局，默默无闻吞咽委屈的人；

那些婚丧假不满就主动来上班的人；

那些一次考试成绩不理想就欲语泪先流的人；

那些视学生如子女，视同事如亲人，深深地爱着这个学校并为之全力付出的人；

那些为班级、为学校、为学生做出突出成绩的人；

那些在拼搏奋斗中体现人生价值的人；

那些以一己之力改变学生人生轨迹，影响学生一生发展的人……

在我心中都是英雄。

我们大力表彰英雄、致敬英雄、崇尚英雄、奖励英雄，就是为了让英雄流血流汗不流泪；就是为了引导大家做风光英雄，不做悲情英雄；就是为了学习英雄那种多出成绩，快出成绩，出大成绩，出长久成绩、综合成绩的态度、方法、能力和技巧。

孩子们，致敬英雄，争做英雄，让你的生命因你的拼搏而更加精彩。

老师们，致敬英雄，争做英雄，让更多的生命因你的存在而更加辉煌。

让英雄思维和英雄精神在六全落地生根，熠熠闪光！

则学校幸甚！学生幸甚！

（2020年11月，在期中考试表彰会后）

追寻：每一个生命的光亮

给六全的第四封"情书"
——我永生都相信你是个人才

杨峰，今天下午班主任工作研讨会上，因为班里几个学生被通报，你哭了，很伤心。我说，我永生都相信你是个人才，会带出最优秀的学生！因为你说过"最好的教育是我爱你"。一个真正爱学生的老师，一个元宵节为学生煮汤圆的老师，一个每天为学生倒开水的老师，一个能记住每一个学生生日的老师，一个舍不得批评指责学生的老师，即使孩子暂时不理解，不听话，即使这次你班的成绩不理想，我依然相信，到最后你带的这一届肯定能取得好成绩。因为有爱的教育力量最伟大。

刘磊，这次联考，你班考砸了，我知道你压力很大。不要着急，不要自我否定。虽然在原来的县一中，你的成绩无人能及，但六全的精英们实在过于强大，与强者同行的日子，你才会欣赏到卓越的甘甜。你最近身体不好，老母亲也需要入院治疗，你放心，你的母亲就是我们大家的母亲，我们会发动一切社会资源为你提供便利。六全人在荣辱与共的砥砺拼搏和帮扶前行中，早已形成血浓于水的亲情。抛却包袱，轻装上阵，我

一、教育心语

相信,很快你就会有王者归来的感觉。因为勤奋和踏实永远是通往胜利之门的通行证。

中良,都说你是一匹"烈马",但烈马都是快马。每次我看到你,就仿佛看到曾经的自己。上天给谁的都不会太多,优点突出的人往往缺点也突出。你是一个盖世英雄般的猛将,目标异常清晰,执行特别迅速,雷霆手段,霹雳作风,往往能成就非凡的业绩。但是,刚性有余,往往柔性不足,在看待问题、解决纠纷、控制情绪方面有过于理想化的单纯可爱的一面,可能是童年或过往的经历使然。我很庆幸一路走来,遇到了一批又一批好领导、好同事。他们不断批评、帮助、关心、指正我,一次次修正我未来的航向。有的人用童年治愈一生,有的人用一生治愈童年。没有人是完美的。我也愿意和大家一道,往后余生,用彼此的包容和最大的善意,随时恭候你英雄的回归和霸气的永驻。

倩莹,我的学生,每次进你班,都有学生笑称"师爷"来了!让我瞬时觉得老了很多。你说永远都会记得15年前我跟你们说过的那两句话:"就是做个扫大街的,也要把负责的这条大街扫得最干净。即使做个扫大街的,也要努力发明一种新型的扫帚,更省力更便捷,让更多的人受益。""在正确的时候做正确的事,如果再过十年,你们找不到对象,老师会给你们介绍。"可是,没等我给你介绍对象,你已经快乐地结婚了。整天一副兴高采烈的样子,仿佛你的开心事儿,永远也没个头

追寻：每一个生命的光亮

儿。很欣赏你第一节班会课给孩子们说的那一句"可亲可敬不可欺";很感谢每周一你总用激昂的语调将全校师生在升旗仪式上唤醒;很感念每每将艰难险重的工作交给你时,你总是那句甜甜的"好啊"的回复。你依然像上学时一样爱哭鼻子,考试不好了哭,劳累了哭,压力大了也哭,难能可贵的是,哭过了马上就能笑。我明白你的哭,不是伤心,而是宣泄。好吧,我永远都看好你。想哭就哭吧。

还有小雪、立爽、海英、静靖你们几个年轻人,希望你们永远体会不到那种想哭哭不出来、在心里憋成内伤的感觉。但是,哭过了,一定要记得笑啊!

张阳,一直梦想有像你这样的一个弟弟:勤奋上进,乖巧懂事;双一流大学研究生毕业,却丝毫看不出名校毕业生的那种傲气。你分管学生宿舍纪律,为了做好工作,你放着好好的教师公寓不住,而是搬进学生宿舍。多少次周末到校巡查,每次都觉得办公室灯忘关了,一打开却总是发现你在办公室里端坐备课。首次教师培训分享,你朴实又动情的话,感动了我们所有的人。这些我都记得,并将永远记得。我永远都相信你是个人才。因为精卫填海,因为矢志不渝。

还有李莹、瑞萍、黄频、刘培、兰柳、春玲、瑞哲等教师,我永远都相信你们是个人才。

还有"茹大师"永清、"偏才"大威、"乐天派"周鑫、"小勤奋"晨博、"老干部"海鹏、"淑女"元一、"小大人"金森、

一、教育心语

"大个子"文博等学生。这一次,下一次,这个月,下个月,这一年,下一年,总有闪耀之时!相信信仰的力量!相信精神的力量!相信相信的力量!我永生都相信你们是个人才!

(2021 年 3 月 31 日)

给六全的第五封"情书"
——祺琪,加油!

祺琪,开学第二周,我在校门口遇见了你的爸爸妈妈。听说,考上高中第一周过周末时,从未住过校的你在回家的路上哭了一路。望着校门口"做适合每一个学生发展的教育"的这几个大字,我竟无言以对。

我最受不了我女儿哭,也最受不了我的学生哭。我一直认为,学校应该成为师生的精神家园,这个地方要有温度、爱和依恋。你"哭了一路"让我觉得被狠狠地打脸了。知耻而后勇。于是,我拼命地去搜寻每一个我们做得不完美的地方,极力地进行整改和完善。

第三周,听说你不再哭了,但仍吐槽着各种不如意:饭菜不好吃啦,没有朋友啦,学校工程拖拉,宿舍因热水问题不能每天洗澡,等等。于是,我们再次梳理问题并整改:食堂进行分区分类经营,以满足不同学生的口味,不仅设立清真窗口,甚至还设立清淡窗口;不仅有现磨豆浆,而且每餐还有鸡腿、卤蛋、香肠等十几种门类;甚至还根据学生建议,力争在学生

一、教育心语

打到饭时,饭吃到嘴里既不凉又不烫。我们尝试着去这么做了,虽然到最后发现并不能做到让每个人满意。

这时候,我才发现,无论餐厅如何努力,都不如你妈妈为你单独烧的小锅饭好吃。但现在想,这也许是你为吃零食所找的借口吧。

才到高中,大家都来自五湖四海。朋友是需要自己慢慢用心用情去处的。

罗马不是一天建成的,六全也不是。我们总得给工程部一点时间,让他们给每个宿舍都安装上热水器。

一次早读,在走廊里遇到一个高个子的女生,正在被一位班干部狠狠地数落:全班就你不会背。你低着头,唯唯诺诺的样子不仅让我动了恻隐之心。我拿过书本一看,王祺琪的名字赫然写在扉页上。哦,原来你就是王祺琪。

白居易的《琵琶行》你没有背会。

我当即提议,我们一起来背诵。我给你解释完每一句的译文,并结合上下文疏通文义后,我们很快就把第二段背会了。

终于过关了,看得出你很高兴。我们第一次的合作——愉快!

隔了一天,我转到你们班,发现你又站在教室里背书。估计又是任务未完成。我觉得这不仅仅是方法问题。于是,我轻轻跟你作了个手势,示意你跟我出去。

来到我办公室后,我请你坐下。你倒没客气。你双手捧着

追寻：每一个生命的光亮

我给你倒的茶，一脸腼腆。

"上初中时，我也住校。每到周日返校的时候，我都想哭。"可能你没想到我会以这样的话语开头。顿时，你的拘谨感少了很多，目光饶有兴致。

我继续讲我当时住校时的各种境遇和逸闻趣事。这样的聊天，勾起我二十年前的回忆，我也很开心，办公室里充满快活的空气。

"那时候，女生住在宿舍楼，男生住在教室。一到晚自习下课时，男生就开始抢桌子铺床。"听到这里，你好奇地睁大了眼睛。

当我讲到上高中时我的数学不太好，每一节数学课如听天书时，你居然起身和我握手。原来，你的数学也不太好。

"我也想学好，可我就是懒……"好单纯坦诚的孩子！你成功逗笑我啦。

"我想考清华美院……"你这句话说得一点儿底气都没有。说完，我们都笑了。你是因为不好意思的尴尬，我是因为孺子可教的欣慰。

于是，我掏出手机给你看我以前一个学生的油画作品，并告诉你，他现在正在意大利读研究生，还没毕业就已经在国际上小有名气了。接着，我郑重地告诉你，这个学生的文化课成绩不比你好多少。

你一下子来了兴致。我们一起客观地分析了你的各科成绩

一、教育心语

以及提分点。我特别指出了学习的主动性、自觉性和自律精神对学习的重要性。你忽闪忽闪地眨巴着眼睛:"就像您在升旗仪式上说的,人的一生必须要走两条路。克服这些毛病是我必须要走的路,以后才能走想走的那条路。对吧?"

你真的是很有灵性的孩子,我高兴地对你再次竖起了大拇指。

"战略上藐视敌人,战术上重视敌人。先从各科学习任务完成做起!"我不忘再次嘱托。

"好的!"你像小燕子一般飞也似的跑了。

听说你再次回家时,满屋都是笑声。

一个课间,我急着进班听课,我们几乎撞了个满怀。你神秘兮兮地扯住我的衣服,把我拉到一边,说:"校长,您是教英语的,那……那我英语有问题能不能问您?"

"当然了。不止英语,别的学科也可以,"我卖了个关子,"只要我会。"

你又笑着跳着走了。你们未成年人的快乐就是如此简单。

当然啦,能让你快乐,我也很快乐。

联考成绩揭晓了,你进步了十个名次,你开心地跑过来找我并"质问"我:"校长,两周前您怎么知道我会进步?"

"因为我上知天文,下知地理,能掐会算。我不仅知道你这次会进步,我还知道下次你还会进步,至少十个名次。"我煞有介事地低声耳语。

追寻：每一个生命的光亮

我还没忍住笑，你居然笃信不疑地跑开了。

人的一生会长大三次。第一次是在发现自己不是世界中心的时候；第二次是在发现即使再怎么努力，终究还是有些事令人无能为力的时候；第三次是在明知道有些事希望渺茫，还是会尽力争取的时候。

心若在，梦就在。努力在，成功就在。

我永远都会相信你！

祺琪，加油！

（2021年12月9日）

一、教育心语

给六全的第六封"情书"
——抱歉,李卓阳

卓阳,期中考试结束后,你的班主任雪峰老师问我:有同学英语实在学不下去,日语专业课什么时候开?

雪峰是这个年级部最受孩子喜欢的英语老师,上课风趣幽默,激情四射。

我说:还有孩子不喜欢上你的英语课?不想让孩子过早地放弃英语,等等吧。

雪峰老师嘟囔了几句,一副欲言又止的样子。

一日午后,孩子们正在午休。我转到二楼,发现雪峰老师和静怡老师正在焦急地讨论着什么。

我凑过去问了问。雪峰老师说:"有个孩子近几天有点反常。"

我说:"如何反常?"

"这孩子拿着数学书本一页一页地撕。"

接着,雪峰老师绘声绘色地给我们描述了如下整个过程:

问:"为什么撕书?"

答:"没意思。"

追寻：每一个生命的光亮

继续问："是不喜欢我，还是不喜欢数学？"

答："何止。"

最后问："要不我帮你一起撕？"

答："一起。"

在旁的心理咨询老师补充说："我到上面去找他，他半个小时没说一句话。"

我听了之后，吓出了一身冷汗。我赶紧问他们："孩子叫什么名字。"

答："李卓阳。"

"现在在哪儿？"

"在教室外面。"

我丢下他们快步上楼去找你。

三楼有几个正在外面做题和背书的同学，我一眼便认出了你。两只胳膊趴伏在栏杆上，整个头埋在胳膊里。

我先和你旁边的同学搭讪并观察着你。你听到有人说话，抬起了头。

那是一张何等帅气的脸，和你的语言一般干净、简练、层次分明。

"哇，你长得这么帅，"我脱口而出，"简直像明星一般。"

没有人能抵抗和拒绝真心的赞美，你有一丝不易觉察的微笑在嘴角。

不得否认颜值的力量，我不由得一下子就喜欢上了你。

一、教育心语

我没有接着问你怎么了。因为我知道我要这样问的话,你肯定会抵触和排斥我。

我看你还穿着秋季校服,便捏捏你的衣服,说:"冷吗?"

你说:"冷。"

我问:"你怎么不穿厚棉袄呢?"

你说:"衣服破了,正在家里修。"

我说:"我有一个厚衣服在办公室,要不要拿来给你穿?"

你说:"宿舍里也有厚衣服。"

我说:"怎么不去拿?"

你说:"这时候进不去"。

我说:"走!跟我一起去拿,就可以进去了。"

于是,我揽着你的肩下楼了。

下楼时,我们并肩无语,就像一对默契的父子。我很享受和你这样亲密行走的感觉。

我觉得你身上有一种青春的气象,有一种喷薄而发的力量。到了宿舍门口,军事化教官不仅没拦我们,还给我们敬了一个礼。你居然笑了。

上了二楼,上三楼,然后四楼。到了你的宿舍,我指着被子叠得最好的那张床问:"这是你的吧?"

居然被我猜对了,又是一顿夸。

然后,我们唠起了家常。我问你家在哪里,周末怎么回家,父母做什么工作,初中班主任谁……你一一作答,语言也

追寻：每一个生命的光亮

不再简洁。

是时候切入主题了。

我问："你是不是不喜欢数学？"

你说："不是，我觉得数学老师讲的我都会了。"

"那你语文呢？"

你说："语文、物理、生物都挺好的，联考语文还得过单科状元，那教学楼的墙上还挂着我的照片。"

"哇。"我真的敬佩不已。

"我就是英语差，学不进去，快郁闷死了。"

我试探性地问："你英语能考七八十分？"

你说："二三十分。"

我愕然。

你肯定就是雪峰老师跟我说的，一遍又一遍问日语专业课开设时间的那个学生。

我下定决心说："这次联考后就开设日语专业课。"

你抬起头来。我发现你脸上的阴霾尽散。我发现，你是一个再阳光不过的男孩子。

你们花一样的青春，蕴藏着无限的可能。而我们成年人，总想着：用自己的大脑去忖度你们的思想；用统一的方式去应对你们的独特；用成人的傲慢去挑战你们的脆弱。

每一个孩子都应该被温柔以待。

一、教育心语

抱歉,李卓阳。

我们的故事才刚刚开始,但我已为你想好了美满的结局。

(2021 年 12 月 10 日)

追寻：每一个生命的光亮

给六全的第七封"情书"
——那个骂了老师和校长的女孩

这是我第一次挨骂，而且是学生骂的。在校长信箱里发现，用同一个笔迹写的4封信，从老师、宿管到校长，挨个儿骂，话一次比一次难听恶毒。所幸，同时而来的还有雪片一般表示安慰、愤怒或检举的信。我自忖对学生没有做过亏心事，也很想知道背后的真实原因：说话那么毒，心里一定很苦吧。

好几封检举信将你的班级姓名甚至家庭住址、啥时间写的、找谁投的等信息都抖搂了个底朝天。于是，你很快到了我的办公室。本来有点愤怒，但一看到你人，我恨不起来了。这与我想象中的穷凶极恶的脸完全不一样，白白净净。你很有礼貌地对我微微笑，俨然一个懂事听话的乖乖女。在大量证据下，你很快承认了。这反倒消耗掉了我最后的一点怒气。

你在家与父母终日吵架；你不愿受任何条条框框的约束；你觉得骂老师骂校长很酷、很解气；而且校长应该不会把你怎么样；更重要的是，你早就不想上学了。也许你在等待校长大发雷霆之后将你开除。

一、教育心语

望着眼前瘦弱的你，我眼前浮现出那个著名的放羊娃"轮回"的故事，突然一阵心酸。我没有批评你，只说了一句：你要是不上学，那么可以预见的结局是，过几年找个人嫁了，你就可能永远留在了各方面都不方便的你所讨厌的农村——上学是改变你命运的唯一机会。你认同地点了点头。正好这个时候上级要对学校进行检查。我说了一句："你先回去吧，没事儿了看看张桂梅的事迹。"

第一次见你，没有说太多。我想，你也不希望我叫你太多次，让同学们知道这件事。但有些话还是要说的。

第一，关于教养。什么是教养？简而言之，教养是嘴巴里的素质，是行为中的人品，是心底的善良。教养是一种品格，品格越高越有教养；是一种态度，尊重他人，也尊重自己；是一种气质，越有教养越自信越从容。不伤害他人，不给他人添麻烦，这就是最终极最底线的教养。

教养与文化相连，却与知识、能力无关。有知识不一定有教养，有学问也不一定有文化。梁晓声对文化有这样一个表述："……根植于内心的修养，无需提醒的自觉，以约束为前提的自由，为他人着想的善良。"真正的教育，是自由的精神、公民的责任、远大的志向，是批判性的独立思考、时时刻刻的自我觉知，是终身学习的基础、获得幸福的能力。我们一直致力于培养孩子"面对一丛野菊花而怦然心动的情怀"。我一直提倡学生"让我的存在让世界更美好"。我想，即使做不到，

追寻：每一个生命的光亮

也不应该做"让我的存在让世界更糟糕"的人吧！

我希望六全的每一个学生都金榜题名。但我更期待每个学生都能够有教养、有文化，做"一个高尚的人，一个纯粹的人，一个有道德的人，一个脱离了低级趣味的人，一个有益于人民的人"。

第二，关于情绪控制。人生路上，我们遇到的最大敌人，往往不是自己的能力，不是条件，而是情绪。拿破仑说过："能控制自己情绪的人，比拿下一座城池的将军还要伟大。"都说冲动是魔鬼，控制不住情绪是非常要命和可怕的。据统计，在暴力犯罪案件中，情绪型犯罪所占比例高达70%~80%。

著名的费斯汀格法则给我们讲述了这样一个小故事：卡斯丁早上起床后洗漱时，随手将自己高档手表放在洗漱台边，妻子怕被水淋湿了，就随手拿过去放在餐桌上。儿子起床后，到餐桌上拿面包时，不小心将手表碰到地上，摔坏了。卡斯丁疼爱手表，就照着儿子的屁股揍了一顿，然后，黑着脸骂了妻子一通。妻子不服气，说是怕水把手表打湿。卡斯丁说，他的手表是防水的。于是，两人激烈地斗嘴起来。一气之下，卡斯丁早餐也没有吃，直接开车去了公司，快到公司时突然想起忘了拿公文包，又立刻转回家。可是，家中没人，妻子上班去了，儿子上学去了，卡斯丁的钥匙留在了公文包里，他进不了门，只好打电话向妻子要钥匙。妻子慌慌张张地往家赶时，撞翻了路边水果摊。摊主拉住她不让她走，要她赔偿，她不得不赔了

一、教育心语

一笔钱才摆脱纠缠。拿到公文包后,卡斯丁已迟到了15分钟,挨了上司一顿严厉批评。卡斯丁的心情坏到了极点。下班前又因一件小事,他跟同事吵了一架。妻子也因早退被扣除当月全勤奖,儿子这一天参加棒球赛,原本夺冠有望,却因心情不好发挥不佳,第一局就被淘汰了。

这就是费斯汀格的认知失调理论。生活中只有10%的事情是不可控的,剩下的90%都是你对发生的事情如何反应所决定的。生活没那么美好,不可能万事如意,但也没那么糟糕,关键是看你如何看待和处理。"当你凝望深渊时,深渊也在凝望着你。"改变固有的认知和态度,"柳暗花明又一村"。假如有一天,你不幸成为"被侮辱的和被损害的",那么请你尝试一下以下的步骤:冷静放松(让子弹飞一会儿)—自我暗示(人生不如意常八九)—转移注意力(做运动、听音乐……)—适度宣泄(倾诉、日记、打橡皮人)—精神胜利(阿Q精神)—酸葡萄心理(我得不到的肯定不好)—甜柠檬效应(我其实做得已经很不错了)。最终能控制住自己的情绪按钮,才能掌控自己的美好人生。

第三,关于规则。现在,00后的你们正处于"心理断乳期"和第二叛逆期,好奇心和模仿能力强,但是自制力弱,往往自我意识极度膨胀且爱自由,易把标新立异、追求另类、打破规矩当成博人眼球的方式,口口声声把自由挂在嘴边。我们见多了由于强调"自由"而不遵守规则造成交通事故而命丧黄泉的

追寻：每一个生命的光亮

人（占全部交通事故80%以上）；我们也见多了践踏制度、纪律、法律而身陷囹圄的人。孩子们，自由并不是不受约束，想干什么就干什么，不想干什么就不干什么。如果那样的话，世界就乱了套。有前贤说过："一个满口仁义道德却不讲规则的社会，会堕落成一个伪君子遍地的肮脏国家。而一个肮脏国家，人人都讲规则，而不是空谈道德，最终会变成一个有人味儿的正常国家。久而久之，道德自然会正常回归。"无独有偶，哈佛大学校长雷厄克也认为："让校规看守哈佛的一切，比让道德看守哈佛更加安全有效。"

孩子们，这世界没有绝对的"自由"。那不是自由，那是放纵。自由是在任何时候都能控制住自己。真正的自由其实是自律！它是最高级别的自由。"一旦离开了规则，每个人都自由行事，结果将是每个人都得不到真正的自由。"只要这个地球上超过两个人，就需要规则，就需要遵守规则。

为了让世界规矩地对待你们，我们把对规则的敬畏传递给你们！

第四，关于感恩。感恩是一个人最基本的情商，是一种大智慧的生活态度，是一份社会责任，也是个人幸福的源泉。有一位104岁的老太太耳聪目明，老而弥坚。有人向她请教长寿秘诀，老太太笑道："我有一剂灵丹妙药，那就是每天花三分钟时间感恩。"她说，一分钟感恩父母、丈夫、儿女、邻居和陌生人；一分钟感恩大自然给予的种种关怀和体贴；一分钟感恩每一

一、教育心语

个祥和、温暖和快乐的日子。感恩使她心里永远流淌着幸福的泉水，有这样的"神水"滋养，身体自然健康，生命自然长久。

感恩的理由能找到很多，不感恩的借口却只需要一个。孩子们，你们在家被父母呵护得太好。但请记住，这个世界上没有人有义务对你好。没有任何人的付出是理所当然。感恩之心就是对世间所有人、所有事物给予自己的一切表示感谢、感激，并铭记于心。

英国作家萨克雷在《名利场》说："这世界是一面镜子，每个人都可以在里面看见自己的影子。你对它皱眉，它还给你一副尖酸的嘴脸。你对着它笑，跟着它乐，它就是个高兴和善的伴侣。"人生在世，不可能一帆风顺，无数失败、无奈、挫折、不如意，都需要我们勇敢面对，豁达地处理。殊不知，当面临失败、挫折、不幸时，更应该学会感恩。孩子，你尝试一下，抛却仇恨、积怨、不满、愤懑。满怀感恩之心，随之而来的必然会不断涌动着诸如温暖、自信、坚定、善良等这些美好的处世品格。自然而然，你生活中便拥有了一处处动人的风景。

村上春树在《海边的卡夫卡》中说："而沙尘暴偃旗息鼓之时，你恐怕还不能完全明白自己是如何从中穿过而得以逃生的，甚至它是否已经远去你大概都无从判断。不过，有一点是清楚的，从沙尘暴中逃出的你已不再是跨入沙尘暴时的你。"我们每个人都会经历人生的至暗时刻，当你熬过了所有的黑暗时，你就会发现，那些经历终将成为你最坚硬的铠甲。深渊过

追寻:每一个生命的光亮

后皆是坦途。

孩子们,希望你们终将上岸,风光旖旎,阳光万里!

(2022 年 3 月 31 日)

一、教育心语

给六全的第八封"情书"
——刘秦凯,站直了,别趴下!

"刘秦凯,你不是高启强!"

我被梦惊醒了。看了一下表,五点零四分。比往常醒得略早了些。

站在校园中心小花园的凉亭里,抬眼望,满天星光下,教室里灯火通明,彼此映衬,煞是好看!空气中氤氲着淡淡的青草香,加上琅琅书声,令人沉醉。

上周听说你在看热播剧《狂飙》,于是我赶紧也抽空以"二倍速"追了剧。高启强伏法是警界的胜利,人民的胜利。他本人又何尝不是教育的悲哀?

安欣憋着劲儿,一定要把高启强抓住。

我也憋着劲儿,一定要改写"高启强"们的人生轨迹。

这么多年来,教育让我乐此不疲的最主要原因,可能就是根植于骨子里的对孩子的喜爱,对助力学生成长的迷恋和渡人后的欣喜。

我们的故事有一个主线:我喜欢你,发自内心地喜欢你。

追寻：每一个生命的光亮

记忆的大幕徐徐拉开。

那是一个明媚的午后，你和妈妈到校参观。初见你，清瘦帅气，眼眸深亮，一如那明媚的阳光。

我想没有人会拒绝喜欢一个明亮干净的孩子。

我喜欢你，始于颜值。

更何况你又如此地懂礼貌。你利索的谈吐和积极的心态让我坚信你能成才，只不过以前被耽误了而已。

你说你成绩不太好，但喜欢打篮球，我鼓励你在运动方面走下去，将来也会有大好前途。从你镇定的眼神中，我知道这是个见过世面的孩子。

上学期在校的两个多月时间里，你给我的感觉一直很好。

每次看到你总是在专心地听课或专注地读书。偶尔提问一下你的早读内容，你也大部分会。你身上哪里有你妈妈叙述的贪玩、不学习的影子？

我喜欢你，敬于努力。

你很追求上进。虽然数学、英语基础不太好，但是你总想办法去提升和改变。你下课后追着老师问问题的情景，有两次，你以为我看不见的时候，我看见了。

你嚷着家长要额外补习时心急如焚的模样，你以为我看不见的时候，我也看见了。

你一遍又一遍地问老师第二外语何时开课的情景，我看见了。你一次次帮着同学和老师做好事，你以为我看不见的时

一、教育心语

候,我也看见了。

我喜欢你,久于品行。

你很爱哭。虽然对于一个男孩子来说,这可能是不坚强的表现,于我却十分受用。因为我小时候也爱哭,现在仍然爱哭。虽然现在有时候哭不出声,但易受感染和触动的性格还在,热泪盈眶和眼眶湿润的次数还真不少。

有人说害羞是美德的颜色,那么我想,泪水应该是善良的琥珀。

你第一次找我哭,是因为数学听不懂。刚一进门,你欲语泪先流,话都说不囫囵。我的个乖呀,我赶紧抱抱你。我忘了给你具体什么建议和怎么劝解你的,只记得你破涕为笑时,临走时把我给你擦鼻涕的纸巾也收拾走了。

第二次哭是你好像犯了什么小错误,被扣分了。我真的记不住啦,也从来不愿记住不好的东西。你跟班主任承认错误时号啕大哭,哭得让所有人都动容,不忍心再批评你一句。

我喜欢你,陷于可爱。

如果没有疫情,我相信我们的故事会香甜很多,可是没有如果。

这个世界唯一不变的,就是变化本身。

疫情中的网课,在 12 月 1 日、3 日、4 日、6 日、9 日、13 日、19 日、20 日、26 日、27 日、28 日,1 月 2 日、3 日……我们辛勤的网课管理老师都有反馈,你有关闭摄像头、摄像头不规范、作业未完成等不遵守纪律的情况。

鲁迅说过,生活太安逸了,工作就会被生活所累。诚如斯

追寻：每一个生命的光亮

言，学习也一样。我不知道你在家的生活究竟有多舒适。只是感觉开学后估计得对你动个"小手术"了。

量变达到一定程度会引起质变。

"感觉"诚不欺我。可没想到这么快就来了。你果真没有让我"失望"。你肯定是《狂飙》看多了，压岁钱赚多了，学着"启强"当老大了。你触犯了"十大禁令"其中一条。事实清楚，证据确凿。谁也没有办法包庇纵容。

你在家反思的每一天，反倒比在校还让人牵挂。好在"反思"一天比一天写得工整和深刻。

记忆的大幕被耳边此起彼伏的各班站读宣誓声拉上。

我在各年级的楼层穿梭。看着高三 2 月 13 日联考"一本"名录，白佳宝赫然在列。我听着李卓阳说，他期末考试上"一本"线了。真的是心花怒放。他们都曾经是我文章的主角。他们也都曾经经历过迄今为止的"至暗"时刻——都因违反学校纪律而险些被开除。但最终他们都抓住了自己人生的缰绳，在最关键的时候，浪子回头，没有让我失望。

秦凯，你不是高启强！

但你可以成为另一个光明磊落的"高启强"！

我愿意赌上我的判断力和我对教育的守望。

（2023 年 2 月 18 日）

一、教育心语

给六全的第九封"情书"

——致18岁的你

今天是举行你们18岁成人礼仪式的日子。我想郑重地先给你们鞠一躬;我真心觉得你们是令人敬佩、值得尊敬的。回想自己的18岁,现在在座的你们每一个,都比那时的我更加自信、坚韧、顽强。

这段时间,你们一直不断地给我以惊喜和感动。

每周模拟考的名次都在变化着。每次都有期待和熟悉的名字出乎意料地撞进了"一本""211""985"模拟线,总能让我内心欢呼雀跃、兴奋异常。

每当早读或自习时,从你们的身边一一走过,你们的表情从三年前的惊喜侧目、受宠若惊到现在的目不斜视、勇毅坚定,我总是欣慰万分。

每当我从课间或饭时拉住你们一个或几个聊天时:

"嗯,我考好的原因是,我感觉每次你找我谈话后,我都能考好。"

"校长,你快祝福我。大家都说你说话比烧香灵。"

追寻：每一个生命的光亮

"大哥，来，给我写句话，签个名！没有本？来，签手背上也行。"

你们的古灵精怪和可爱率真总是把我哄得彻底心醉。

总之，和你们在一起，其乐无穷。

从今天起，从某种意义上来说，你们已经成为共和国最年轻的公民。"成人"这两个字并不难写。它背后蕴含的内容却丰富而深刻。它昭示着一种成长，更象征着一种责任，它意味着你们要独自面对道德的约束，独自承担法律的责任，要对自己的一切负责。

你们还面临着成人后的最大的挑战：高考。关于高考和人生，我想给大家提三句话。一是极度渴望成功，二是愿付出非凡代价，三是排除一切干扰。要想成功并不难，只要做到这三点。

我们大部分人之所以没有成功，都是因为做不到以上几点。大部分人只是渴望成功，而不是极度渴望成功。我们仅仅是偶尔幻想一下，多为临池而羡鱼，而不是深入持续地认知和了解目标。大部分人其实没有真的用心去想如何才能真正实现这个目标，没有好好去想达到这个目标需要什么条件，需要坚持多长时间，需要付出什么代价。大部分人没有调动自己全部的智慧、精力、体力、精神、意志去达成目标。因此，大部分的渴望是不用心的，只是幻想。

还记得三年前给你们讲的那个年轻人向苏格拉底求教的故

一、教育心语

事吗？

当你成功的渴望像求生的欲望那样强烈的时候，你就成功了一半。

世界著名企业家稻盛和夫说过一句话"心不唤物，物不至"，内心不渴望的东西，它不可能靠近自己。如果一个人对成功不强烈渴望，那么面对付出和挑战的心理承受力就弱，就无法承受挫折和失败带来的痛苦，最终虎头蛇尾，半途而废。

无独有偶。猫叔在《一年顶十年》的新书发布会上分享时说："饥渴难耐，不牛才怪，对个人成长、财富、影响力的升级很渴望，不仅渴望，而且持续渴望。这就是能成事的关键。"

成功人士都极度渴望成功，欲望越足，产生的动力越足，越能克服困难获得成功。而对好大一部分人来说，目前极度渴望的只有游戏、娱乐。为了能玩游戏，有的会向家长、老师撒谎；有的拒绝上交压岁钱，甚至偷拿父母的钱去买装备、搞升级；有的在上网课期间，摄像头照着脸，看似在听课，实则手在下面打游戏；有的为了躲避检查，凌晨一点起床打游戏。总之，为了达到目的，"无所不用其极"。孩子们，这才有"极度渴望"的意味。你如果把这种极度的渴望转移到学习上、复习备考上、对弱势学科的提升上，我想全世界也阻挡不了你上心仪大学的愿望。

也有同学说，老师，我也极度渴望了，我也想得睡不着觉。为什么没有成功？我想，还有第二句话：愿付出非凡代

追寻：每一个生命的光亮

价。大部分人仅仅是想成功，却不愿意付出代价，更不愿意付出非凡代价。你们每个人都渴望考上名牌大学？上课却无法自律、认真听讲，下课后丢掉没弄懂的题和同学聊八卦。放学后，比起练习，更想去玩耍。周末一觉睡到 11 点，看电视，吃零食，作业总是拖到最后一刻才想着去写。甚至到校去抄同学的作业。

我想，你们都看到过马云在北京推销的时候被人推出门外的那个小视频。1995 年，马云决定把互联网业务带回中国。那时，中国还没有在线业务，没有人相信他。后来他没钱了，团队的工资也快发不出来了，他就天天出去谈融资。"别抱怨，干就完了！"那一年，他被拒绝了 37 次。

有一天晚上，落魄的马云望着窗外的灯火说，"再过几年，北京就不会这么对我。再过几年，人们都会知道我是干什么的。"如今，我们确实都知道了。

刘强东的父亲曾对刘强东说："咱普通老百姓，你比别人多流一滴汗，你就比别人多一点机会。你想生活得比别人好，你就必须比别人做得多，比别人努力。"

2020 年，66 岁的董明珠直播带货首秀翻车。全网 430 万的观看人数，销售额却只有 22 万元。她上了热搜，到处被嘲笑。半个月后，董明珠再次整装出发，认真复盘，吸取了上次的滑铁卢教训，打了一个漂亮的翻身仗。她用自身经历告诉世人：我董明珠极度渴望成功，也愿付出非凡代价。

一、教育心语

真正的高手，是认准目标，就不怕失败，永不服输、必须要赢。

最近有个别学生总是无端被各种各样的流言蜚语、鸡毛蒜皮、针头线脑的日常琐事干扰和困惑。古语说得好，"搬弄是非者，必是是非人"。"大战"在即，有人却还有闲心去造谣中伤，以讹传讹，本身就是逃兵和懦夫。要远离这些在别人背后嚼舌根的人和无意义的事。控制好"三闲"（闲话、闲事、闲思），群处守口，独处守心。

稻盛和夫说过这样一句话："我站在一楼，有人骂我，我很生气；我站在十楼，有人骂我，我听不清，以为他在打招呼；我站在一百楼，有人骂我，我听不见，眼里只有万里山河。"

你们发现没有，当你目标、格局高远时，所有的鸡零狗碎，只不过是你成功路上的石子罢了。你不用理会，不去关注，更不用驻足，你只需轻迈双脚去跨越它们就行了。真的勇士，不会去计较沿途的垃圾，因为我们要到达的永远是前方和彼岸。正如我们教学楼表彰墙上面的那句话：向着目标冲刺的人，全世界都会为你让路！

孩子们，新时代的吃苦不是受穷，是长时间为了某个目标而聚焦的能力。在这个过程中，放弃娱乐生活，放弃无效社交，放弃无意义的消费，以及在过程中不被理解的孤独。

孩子们，好走的路都是下坡路。当你觉得最困难的时候，可能就是你离成功最近的时候。

追寻：每一个生命的光亮

在这个世上，没有人比别人活得更容易。只不过，有人在哭天抢地，有人在默默努力！

在最后的这 100 天时间里。我把我在校的全部时间和精力全部交付于你们。我们朝夕相伴，我们夙兴夜寐，我们休戚与共，我们共同拼搏！

当你迷茫的时候，请记住这句话：极度渴望成功，愿付出非凡代价，排除一切干扰，向着目标冲刺。

2023 年必胜！

六全必胜！

我们必胜！

一、教育心语

给六全的第十封"情书"

——曾经骂得最狠,毕业你哭得最凶

有一个同事说过,没有挨过骂的老师,职业生涯是不完整的。一个有着完美主义情结的人,注定是要疲惫不堪的。因为自己再怎么尽力,也总不能让所有人都满意。

六全校长信箱开通三年来,拆封的信件堆了半人高的满满一柜子。几乎所有的孩子是非常有素质的:或彬彬有礼,或低调谦逊,或古文堆砌,或文采飞扬,有时甚至是古灵精怪。所以每次回信,我总是辛苦并快乐着。

我曾经给你们讲过那个我曾经做过的高考作文题"这条小鱼在乎"。在暴风雨后的一个早晨,一个男人来到海边散步。他一边沿海边走着,一边注意到,在沙滩的浅水洼里,有许多被昨夜的暴风雨卷上岸来的小鱼。它们被困在浅水洼里,回不了大海了,虽然近在咫尺。被困的小鱼,也许有几百条,甚至几千条。用不了多久,浅水洼里的水就会被沙粒吸干,被太阳蒸干,这些小鱼都会干死的。男人继续朝前走着。他忽然看见前面有一个小男孩,走得很慢,而且不停地在每一个水洼旁

追寻:每一个生命的光亮

弯下腰去——他在捡起水洼里的小鱼,并且用力把它们扔回大海。这个男人停下来,注视着这个小男孩,看他拯救着小鱼们的生命。终于,这个男人忍不住走过去:"孩子,这水洼里有几百几千条小鱼,你救不过来的。""我知道。"小男孩头也不抬地回答。"哦?那你为什么还在扔?谁在乎呢?""这条小鱼在乎!"男孩儿一边回答,一边拾起一条鱼扔进大海,"这条在乎,这条也在乎!还有这一条、这一条、这一条……"这个故事深深震撼并感染影响了当时17岁的我。也可能,这是我人生观和教育观的起源。

虽然过去了二十多年,但我脑海中时常会浮现那个场景,并且无比清晰地觉得:那个男孩,就是我!

从教二十年来,我总觉得不能拿成人的眼光去看待你们,忖度你们,对待你们,这便有了"假如我是孩子,假如是我的孩子"的理念前提。因为毕竟你们才十六七岁。你们的世界那么小,我们觉得很小的一件事情,在你们一些人看来,可能比天都大。所以,我尽量为你们每一个人亲笔回信,并为你们解决一件又一件琐碎而又细小的事。

可是每隔一段时间,总会有一封言辞激烈、内容为批评指责的信,甚至有骂人的话。说实在话,任谁被人骂了也笑不出来。收到这样的信,我也会心里不舒服——我非圣贤。并且我有个习惯:会将所有批评的信粘在一个专用的笔记本上,隔段时间拿出来翻翻看看,时刻提醒自己:做得还很不好。但是你

一、教育心语

的前三封信，我实在不想保存，把它撕了。因为骂的话太难听了，比上次骂我的那个女生的话还难听百倍。我猜你肯定是个男生。

我那两周都不想在教学楼上转。我甚至在收到第三封骂人的信时，只想把信箱拆掉。何苦呢？为什么自己给自己找不愉快呢？拆掉信箱！眼不见为净。毕竟在学校里，谁也不敢当面咒骂校长的。

但当我看到其他同学往信箱里塞的粉红色的小糖果、广东的槟榔、精致的千纸鹤、画的小红心和惟妙惟肖的手绘的校长我的肖像时，我心软了。毕竟，爱我的人，更多一些。我在校园里散心消气。看到"所有学生的问题大多是老师的问题，所有老师的问题大多是校长的问题"的标语时，猛然醒悟，发出灵魂拷问：既然有勇气把这句话贴在墙上，为何不敢直面担当？又想到一句话，"如果某个批评让你很受伤，一定是你心中最想隐藏的地方"。我走回办公室，扒开垃圾桶，捡起撕碎的信，努力从恶毒的言语下寻找你真正怨恨的所在。上两次来信只顾着生气，并没有真正解决你的问题。你说的游泳馆和大操场，可是我真的解决不了。我转念一想：也可能比解决问题更重要的，是对待问题的态度和方式。果然，在我当众书面回复道歉，解释了原因，并表示将积极呼吁后，第二周就没有了骂人的话。只是同样笔迹抱怨的信每周都有。所幸都是我能解决的事：什么食堂饭菜放辣椒了；厕所的味儿太大了；寝室蚊子

追寻：每一个生命的光亮

咬你了；宿管不开空调了；老师不给你过生日了……为了避免挨骂，每一件事我都格外的费心，亲自去"整改落实"。就此安生了几周。

我知道你是谁，纯粹是一个偶然机会。一次学校例行检查作业，作业本放在教务处的大桌子上，堆得像小山一般。我随手抽查一摞，翻到一半，一排熟悉的字体映入眼帘。请原谅我十几年的班主任生涯练就了福尔摩斯侦探般的本能。就是你！因为你写的那个"也"字太不一般了。左下部习惯性地向左突兀，像把锋利的匕首的刀尖。字有时候真如其人，至少与写字者当时的心态相关。我仔细端详着封面上你的班级和姓名，想起了一个诗人的一句话："如果能使一颗心免于哀伤，我就不虚此生。如果能解除一个生命的痛苦，平息一种酸辛，帮助一个昏厥的知更鸟重新回到巢中，我就不虚此生。"

多年前，那个在海滩上捡小鱼的男孩儿，再一次浮现在我的眼帘。

当我在你们教室把你本人和名字对上号的那一刻，四目相对，你的眼神有躲闪。虽然你并不知道我知道了。我从你的班主任处了解你的详细情况：你的家庭很特殊很不幸，你的性格很孤僻很无常，你的行为经常出现暴力倾向。正巧我认识你初中的老师。他的一番话让我震惊，"弄不好这孩子就是监狱的客"。我觉得你肯定也骂过他。所以我再次劝你永远不要骂人。因为总有一天，那些恶毒的话会像玩杂耍的人扔出去的飞盘一

一、教育心语

样回到自己身上。

我总觉得,往监管所里少送一个学生和往清华北大多送一个学生,同样功德无量。于是我格外地关注你。我创造各种冠冕堂皇的理由去和你接触。

对抗暴力最有效的武器也可能是棉花。

你总是幸运地获得校长陪餐的名额。你的饭量很大,我总是把我的那一份鸡腿给你。我说我不喜欢吃鸡腿。你的作业我一有空就检查。"城门失火,殃及池鱼",以至于你同桌的作业都不敢马虎了。你们班的班晨会我尽量抽空每月多讲一次,面对面多些叮咛总归是好的。你不爱讲卫生,课桌下总是卫生纸团和包装袋一地。我趁你们体育课和吃饭时帮你和你们班打扫了两次,你不再乱扔东西了。你班同学爱打羽毛球,我有一次远远看到你一个人孤零零地在看别人打,我赶紧跑去和你较量了一番。由于穿着皮鞋,我脚脖扭住了,没打多长时间。你居然夸我水平高。你不知道,为了你一句夸,我脚疼了三周。

渐渐地,同学们说,你性格变了,也有人愿和你交朋友了,你甚至还在班里担任了一个小职务。你的话也多起来了,自然成绩也一直提升。

有一次,我给你们班讲"心灵的温度决定人生的高度"的小故事后,你居然给我写了一封信,放到我的桌子上。你说,从未有一个人让你觉得如此信任和亲近,你重燃了对人生和生活的炽热与渴望。你问我说,知道"树洞"吗?愿不愿意做我

追寻：每一个生命的光亮

的"树洞"？我回复"of course"和一个笑脸。从此以后，每次见你，你开始对我笑了。

时间很快到了高三下半期，眼见你越来越好，越来越争气和进步，我和你接触不那么频繁了。可突然有一天晚上，你跑进办公室大哭起来，说压力大，怕考不好，一到晚上就害怕。我给你抽了张纸巾，揽在怀里拍着你说：其实你这样很正常，我在高三时也这样，尽管高考我没考好，不也没耽误当校长吗？可能你觉得校长是好大的官儿，这句话说服了你，你破涕为笑了。我说，这样吧，以后每天晚上我为你留灯，你要是再害怕，看看我办公室的灯，或者到我办公室坐坐。

自此，直到高考前，我办公室门从没上过锁，灯彻夜不熄。

你不知道的是，为此我还被后勤处通报了好几次。有两次我知道你来过，因为我的垃圾桶被倒了，桌子也擦了。我为你写了一封信《每晚我都为你留灯》，放在你的书包里。相信你看到了。

高考前的一天晚上，在办公室又见了你一次。能感觉到你的紧张和焦虑，我掏出 200 块钱给你。"听说吃糖能让人心情愉悦，拿去买巧克力吃，心情好了就会考好。"你还不要。我说，"也不是白给你，是存你那儿，等你上班了加倍还我，我要两倍利息，这是高利贷啊。"你拿住了。我不知道你是否买了糖吃，但根据你的高考分数远超一本线，大家都说你是黑马来推断，我想你应该是吃糖了。

一、教育心语

毕业典礼那一天,我念着准备了三周的毕业典礼致辞。讲到最后,情深所致,泪流满面。

虽然每次毕业典礼上我都会忍不住哭。泪眼蒙眬中,依稀看见你在一群流泪的孩子中,哭得最凶……

师生一场,万般牵挂,此去一别,唯愿山高水长,各自珍重。

相离莫相忘,且行且珍惜。在我眼里,满天星辰不及你!

于道各努力,千里自同风。

唯愿少年的你踏遍山水万程,何时归来,依然鲜活明亮,玉树临风!

给六全的第十一封"情书"
——老师,您给学生洗过衣服吗?

上学期期末,在学生餐厅,看见一群学生吃得正香。还没等走过去,我就远远看到丁梓艳笑盈盈地在向我招手。

我赶忙跑过去,俯下身子,梓艳劈头就问:"校长,下学期我们分班不?"

我笑一笑,不置可否:"为啥问这?"

"校长,我们不想分班,还想跟着璐姐。"

我看校服肩上一大块儿黄色在上面没洗净,顺手一指,故作鄙睨地说,"你这姑娘舞跳得挺好,代理班主任也当得挺好。衣服咋这么脏呢?"

她耸耸肩,自豪地说,"这是璐姐给我洗衣服洗坏了的。"

仿佛肩上那刺目的黄一大片是军功章一般。

这个1993年生的姑娘,肯定是自己衣服也不咋洗,不懂得白色的校服是不能和黄色衣服一起洗才洗坏的。

我打趣:"那得让她赔!"引来他们一阵哄笑。

新学期在即,这几天的教师培训我讲了很多,脑海中总浮

一、教育心语

现张璐给学生洗衣服的情景。"我还想问一句：老师，你给学生洗过衣服吗？"

说实在话，我没有。

我做班主任时间不算太长，一共九年，带了三届学生。这却是我教育生涯中最重要的，也是最快乐的九年，是我最有成就感和最受学生喜欢的九年。

那时的我会对学生偷懒不背书大发雷霆，也会放学留他们继续过关到中午，我陪着他们一起吃面包当午餐；

那时的我会对学生画地为牢做惩罚，也会在他生病时，天寒地冻、大雪纷飞时背他去医院开药打点滴；

那时的我会坚持每学期为每个孩子写长长的评语，也会和学生打赌，输了在讲台上鞠躬道歉并且趴在地上做 50 个俯卧撑；

那时的我会在每个假期未结束时，就跑到教室里，睹物思人，在黑板上写思念的话，也会在自己生病不得不请假时潸然泪下；

那时的我会在学生毕业后依然挂念他们，电话劝解已毕业的他们，说得诺基亚手机的电池电量耗尽。也会在多年之后当美国、日本、英国、菲律宾和我国等地发生疫情或大事件时，提醒当地我的学生们注意安全，把他们当成我家庭和生命的一部分。

我在想，那个时候自己什么也没有。教学经验、教育理论

追寻：每一个生命的光亮

知识都很匮乏。有的可能只是对工作的负责、热爱和对孩子们的喜爱。

但是那三届的孩子们对我感情最深。

现在看来，教师身上无非"道"和"术"。

"术"的成长，永远遮盖不了"道"的光芒。

拥有真情和爱，也许，这就是能够穿破一切力量的教育神器，这就是能够直抵人心的神秘力量。再丰富的经验，再高深的教育理论，没有爱作支撑，都顿显苍白。

书增主任不爱言辞，为班里学生提了三年的开水。每一个提水的背影，都会在学生心目中定格成父爱如山的模样；

小兰柳老师走在走廊里，被一群学生拥抱，"强行投喂"棒棒糖的情景是那么令人感动；

刘猛、云瑞每次给学生过生日时，烛光里映照出的都是最温馨的家里的景象；

美娟老师把学生带到家里吃饺子、汤圆的琐忆，将会是学生一生中永远津津乐道的荣光；

还有那难忘的绿豆汤、枣花馍、粽子、香肠，还有老母亲做的菜蟒，杨峰、中晓、周聪，你们虽然不做班主任了，可还是让孩子们如此地牵肠挂肚；

晓凡、佳佳，班里的学生心理出问题了，你们抽空跑到学生家里去慰问安抚，这打消了孩子最艰难时刻多少的迷茫与彷徨啊！

一、教育心语

立爽整日几乎以校为家，一个月也未曾出校门几次。她把全部的时间和爱都分给了孩子们。年近三旬，女大当婚。她的学生们都扒遍了家族户口本儿上的适婚男性，巴不得让她明天就做最美的嫁娘；

宋秋，当你班学生半夜犯病后，你和校医杜医生守了一整夜。我想那晚的星星和月亮一定会为你们照耀出最灿烂的光亮！

刘磊，你看到周末离校时学生一个人孤独地等车，不由分说地带孩子回家吃饭，然后开车把孩子送到家后，那个孩子给你写的五页表扬信，也可能是给你最大的勋章；

今年五月份，当得知有一个高三的孩子母亲患重病时，我们全体教师、家长一天之内筹集了数万余元，撑住了家庭，稳定了孩子。最后这孩子顺利被一本大学录取。

我想说，你们每一个人都功德无量！

亲爱的老师们，教育应该很简单，学校应该也很简单。校园就是一群成年人和孩子们生动生活的地方。这个地方必须有爱、像家，让人依恋；这个地方必须有情趣、温度和情感；这个地方必须是快乐、向上和创造的沃土和源泉。

你只有真正沉浸其中，才会乐在其中。

你只有倾情付出，才会感到渡人渡己，妙不可言。

迷恋他人成长的人，一定会被他人所迷恋。

二、管理智慧

追寻:每一个生命的光亮

"禁止入内"折射出的管理思维

校园里新安装了一批健身运动器材。由于水泥底座未凝结,后勤处用警戒线围了起来。

中午一点钟午休时分,我看到一个孩子猫着腰钻过警戒线,欲窜上三联单杠。

我赶紧跑过去,叫住了他。他站在一块大黑板前低下了头,大黑板上的"禁止入内"那四个字格外醒目。

我问他:"你看到这四个字了吗?"

他一撇嘴,说:"看见了。"

我知道,这肯定是一个好奇心强且容易逆反的孩子。我笑着说:"这器材装上就是让你们玩的。"

他先是一愣,接着抬起头看了我一眼。

"但现在你看这器材的底座还未干,这会儿上去有可能把单杠弄倒,你也会掉下来摔伤的。你明白为什么不让你们现在玩了吗?"

他眼里的坚冰开始融化。他点了点头,主动说:"老师,我错了。"我一挥手,让他走了。我找来一块黑板擦和粉笔,

二、管理智慧

把"禁止入内"四个字擦掉，写上了下面这段话：

各位师生：

　　我们的健身器材由于水泥底座未凝结，现在强制使用会带来安全风险，且会缩短使用寿命。请在六天后警戒线拆除后使用。谢谢大家的配合！

　　一周过去了，直到警戒线拆除，我再也没有发现有人试图钻进去使用它。

　　其实，不要说正处于青春叛逆期的孩子，就连我们成年人也很反感"禁止什么什么"之类的标语。

　　管理如果得不到管理对象的理解和支持，效果就会大打折扣。

　　那么，如何能获得理解与支持呢？我认为，一是管理立场一定不能与管理对象对立。如果站在被管理者的立场上去考虑问题、决策事情、采取措施，我觉得肯定能得到理解。

　　针对班级公物屡被破坏等现象，惯用的快速"破案"法，严惩肇事者，只能按起葫芦浮起瓢，类似事件会越来越多。后来，我看到学生们时说："学校每年的经费是一定的，破坏了学校的公物，学校就得拿出钱去维修。这个钱如果省下，则可以用来给同学们换更漂亮的课桌，可以组织大家出去春游等。所以说，保护公物，实际上就是保护我们自己的财物和利益。"

之后，破坏公物现象明显少多了。

二是，在管理过程中要用感情，"有温度"。避免那种冷冰冰、命令式的语言和行为。简单粗暴型的管理最不得人心，最易招致反感和对立。说话让人温暖，做事让人舒服，好好说话，同时也给管理工作省去了很多麻烦。

三是，要多些解释，让管理对象多一些知情权。很多时候，冲突都是因为管理对象不知情，所以不理解，不执行。

在对犯错的学生进行惩戒时，有经验的老师往往会告诉他们这样做的原因。他们很快能够获得学生流着泪的理解，甚至主动接受惩罚。

比如，要求学生穿校服时，不妨先作一个情况说明，历数统一着装对学生安全、经济及成长方面的种种好处，或者先开展一个大讨论。这样，执行起来肯定会顺利得多。

总之，管理是一种艺术，教育管理尤其是。改变管理理念和心态，变管理为服务，转变立场，将管理对象转变为拥有共同愿景的团队的一员。做"有温度"的管理，做有耐心、细心、爱心的管理；你会发现，管理效果将颠覆你的想象。

（2018 年 10 月）

二、管理智慧

从班级清洁区的落叶打扫说起
——天下大事必作于细

秋冬时节,校园里的树叶枯黄了。当寒风吹过,总会掉下几片。可是,这么美丽和诗意的风景对负责打扫班级清洁区里落叶的老师来说,却是一件头疼的事:每次打扫之后很快便又落了一地落叶。总不能一天二十四小时找人看着吧?站在树下,看到那一树枯黄的叶子随着寒风沙沙作响,那声音仿佛在嘲笑我们的无能。我突生想法:用竹竿把他们一次性全打下来!于是,后勤服务中心为每个班级配发了长竹竿。困扰这些班级一学期的落叶打扫难题,被几个学生一中午就搞定了。

我不禁又想到了另一件小事。我分管年级的时候,经常到各个班去听推门课。最难堪的是,上课期间我推门进教室时,后门"吱呀"一声之后,全体师生停下来向我行注目礼。一天进白中歧老师的班时,推门居然没响。下课后我跟她开玩笑说:"你真幸运,教翻转课堂实验班,门都向着你。"她笑着说:"哪里啊,我只是把门的合叶上抹上了缝纫机油而已。"我顿时愕然:这么简单的操作,自己这么长时间居然没想到。于是我

追寻：每一个生命的光亮

群发班主任短信，建议他们如法炮制。此后听推门课，我再也没有心理障碍了。

很多新老师的课堂总是乱哄哄的，无论老师用《中学生守则》，还是《中学生日常行为规范》来约束学生，始终无济于事。其实，用王校长的一句话要求就可以了：当老师或别的同学在发言时，其余同学都要倾听。最简单的要求往往最有成效。

在大班额的现行条件下，很多学生没有养成好的学习和生活习惯。我们在初一作养成教育时，每周就提一个小目标。例如，教学服务中心第一周课堂要求端正坐姿，头不乱扭，手拿笔作笔记；第二周训练点读试背的早读习惯；第三周养成不懂就问的学习习惯。学生发展中心第一周对仪容仪表进行要求，男生发型前不过眉、后不遮耳等；第二周进行言语文明要求；第三周作轻声慢步过走廊要求。这些看似很简单很小儿科的事情，真正做好却不容易。

很多日本学校针对小学生的培养目标就一句简单的话：不给他人添麻烦。

我校优秀班主任法自富老师制定的班规也就三句话，学生耳熟能详。犯错误了，让他先背一下班级的班规，学生很快就意识到自己的错误了。

要想把事做成，就要从大处着眼，从小处着手。首先，要实、要细。不假大空，不说官话、套话。从实际出发，真正抓

二、管理智慧

住事物的本质和主要矛盾，充分发挥主观能动性，接受不能改变的，改变自己能够改变的。每天改变一点点，每天进步一点点。相信愚公移山的勇气，相信滴水穿石的力量，相信聚沙成塔的奇迹。

其次，要增强执行力，认准的事儿一定去做，去坚持不懈地做。古往今来，成大事者聪明者寥，勤奋者众。一个连身边小事都不愿意动脑筋思考、不愿意做的人还能指望他去做什么大事？再说了，现实中又有多少事是大事？人的一生中又能有几件大事呢？

正如一位专家所说，把简单的事情重复做就成了行家，把重复的事情用心做好就是赢家，把复杂的事简单做就是专家。

（2018 年 11 月）

听课,只"听"就够了吗

听课,只"听"就够了吗?

远远不够。既要听教师的讲,又要"观"学生的学,还要"评"教师的课。

一要听教师课堂是否落实了我校"关注、落实、目标、激励、思考"等五种意识。教师教学目标是否达成?教学过程是否顺畅?是否用多种方式方法关注到了每一个学生?是否用扎实的检测、反馈等方法夯实了知识、方法、技巧?是否对学生进行了有效激励?是否关注了学生的情感、态度、价值观?教学过程中是否引导学生进行了质疑、探究、合作?……

二要观察。观察学生的课前准备,可以得知学生预习的情况,对学生情况进行把握,也可以得知教师批改作业和试卷的情况。观察学生在课堂上的听讲状态:学生是否真正成为课堂的主体?学生是否积极地大面积地参与了课堂?学习是否真正发生?思考是否真正存在?观察学生的头、手、口、眼和身体:学生在课堂上的坐姿怎样?手是否紧握着笔在做笔记?头有没有乱扭?眼睛是否注视着老师或者讲话的人?学生是否积极回答老师的提问？学生的大脑是否随着老师的引导而积极主动地思考？学生是否在这节课中得到了有效的成长和提升？

三要评。评课不能拖泥带水，拖拖拉拉。等几天后的教研会再评恐怕具体细节忘得差不多了。乍现的灵感稍纵即逝。评课也忌讳一棒子打死式的全盘否定和溜须拍马式的歌功颂德。评课既要有正面的肯定，又要有善意的批评和中肯的建议。

听课，最终结果是让听课和被听的人都有收获。

（2019年4月，回应部分教师关于不知道如何听课的疑惑）

追寻：每一个生命的光亮

听赞扬，还是听批评

一年来，我们全体教职工同心同德、励精图治、帮扶前行，在贫瘠的土地上，浇灌出了璀璨的教育之花，受到了社会各界的赞誉和肯定。我了然于心，一笑了之。迄今为止，我知道的两条批评意见，我把它们打印了出来，粘在笔记本扉页上，时刻警示和提醒自己。

一条反映去年我们学生寝室有一张摇晃但未及时修理的床。得知情况之后，我们立刻安排维修，深入剖析了宿管工作的失误，并制定了下一步工作的预防措施及预案。

另一条反映我们放学管理混乱。门卫查验走读证时，因为学生数和班主任写得不一致，致使班级四十九名学生在大门口滞留了四十分钟之久。我听到之后很生气：假如是我的孩子因别人的过失在门口滞留四十分钟，我是否能平心静气？当时大门口行政值班的老师在哪儿？学生发展中心的领导在哪儿？给班主任打电话未接就没有别的途径了吗？由此可见，我们的管理确实出了问题。

我们召开了领导班子会，采取了以下措施：一是在校门口

二、管理智慧

增设校长信箱,充分倾听家长的意见和建议;二是用短信公布每天值班领导和学校分管领导的电话;三是加强值班督导,确保所有的突发事件都能在第一时间及时妥善解决;四是在全体值班会和全体教师会上再次重申和阐述我们倡导的两个教育前提:"假如我是孩子,假如是我的孩子",真正做到以仁爱之心做教育,以父母之心做老师。

我认为爱听赞扬的话,赞扬会越来越少。

爱听批评的话,批评也会越来越少。

(2018年9月,一名负责门卫工作的干部怒气冲冲地向我反映某位家长在校门口大声咆哮怒骂。立即召开了校领导班子会反思问题并采取整改措施后有感而作)

追寻：每一个生命的光亮

如何让平凡的孩子变得优秀

如何让平凡的孩子变得优秀，让优秀的孩子成为领袖？

让平凡孩子变得优秀，让优秀的孩子成为领袖，这是我们向家长和社会各界的承诺。大家都知道，我校的育人方式是：陪伴、影响、激励、唤醒，我今天想重点谈一谈激励。

今天早晨在升旗仪式结束后，课间操比赛颁奖时，不少班主任拿着手机拍照并发到了班级家长群里。之前一周，为一个小小的课间操比赛，许多班多次排练，为获得一个好的名次不遗余力。我非常赞赏并大力表扬了这些班级。也有一些人不明白：不就是一次比赛吗？不就是一次颁奖仪式吗？犯得着这样费心劳神吗？又有谁会在乎这一张奖状呢？

其实，犯得着。你不在乎，但学生在乎，家长在乎。他们这么做其实就是给孩子、给家长传达一种信息：他们很优秀，他们的班级很优秀，他们的孩子很优秀！

因此，激励的第一步往往是营造一个积极向上、有正能量的优秀集体的氛围。用周围的环境和人来使每一个置身其中的人不自觉地、下意识地为优秀的环境负责，为跟上周围人的步伐而努力。这就是孟母三迁而择邻,这也是一个爱随地吐痰的人到了一个异常干净的地方不好意思随地吐痰的原因。

第二步是发掘每个孩子的闪光点,激励和赞扬他,用多元的评价尺度去对待每一个孩子。多一把评价的尺子,就会多一批好学生。即使成绩和能力再差的孩子,即使再调皮捣蛋的孩子,也有优点。用激励把他们的正能量激发出来,用赞扬把他们心中的那尊"佛"逼出来,进而锲而不舍地引导,确定一个又一个小目标,并辅之以合理、恰当的评价、检测、反馈,最终,每个孩子都有可能突破自身能力的局限,激发出无尽的潜能,平凡者会变得优秀,优秀者会成为领袖。

我相信,在激励的路上,每个孩子都会突破极限,越走越远。

(2018年5月,升旗仪式结束后,见吴琼、王冬梅老师拍学生获奖照,并发到家长群分享有感)

抓"效果"与管"形式"

早上七点钟,教室里学生已坐齐。在查课的过程中,我发现各班的早读效果不尽相同。

有的班级能够按照学校要求,在黑板上早早地布置早读任务,班主任及早到班陪伴、检查落实。这些班学生早读自然效率高。

有的班级,虽然班主任也到得很早,并在学生之间来回穿梭,一会儿拍拍这个,一会儿指指那个,提醒学生读书。书虽然读起来了,但从他们那"贼溜溜"的眼神来看,绝对没读到心里去。班里的学生就像是老师拨动着湖里的涟漪一样,老师走到哪儿,书就读到哪儿,一旦老师转身或走过,则说笑的有之,做鬼脸吐舌头的有之,东张西望的有之——反正就是不读书,简直就是一幅南辕北辙版的"浮世绘"。

我忍不住走进去,按照黑板上的任务,提问了几个眼神"贼溜溜"乱窜的学生。据我多年与孩子"斗智斗勇"打交道的经验,他们当然都不会,于是我没有让他们坐下。提问到第三个时,全班已是一派专注用心大声读书之状。

二、管理智慧

我不由得想起了两个词："形式""效果"。你如果注重的是他们读书的形式，那么孩子们就会给你来"形式"，做样子。你一旦注重"效果"，他们就会认认真真、老老实实地去完成你布置的任务。

我曾见到过这样一起案例。老师与学生在教室里吵得不可开交，老师批评一个上课睡觉的学生，学生不服：我只是趴在桌子上，我没睡觉！老师气得脸红脖子粗，课都停下来了。

其实，这个问题很好解决。老师先不要管他睡觉的"形式"（当然，随后也该制定班规班纪，对坐姿等课堂行为进行规范），只提问他刚讲述过的知识，如果没有身体不适等别的缘由，而又答不上来，可采取措施略加惩戒。这样即可达到教育本人和以儆效尤的效果。

不仅早读、自习、课堂如此，学校内的很多事情都可以从"效果"入手，由深入浅地去抓"形式"。

比如说，发现近来某位学生上课走神，心不在焉，可直接问他："你最近怎么不在状态啊，怎么啦？"

他往往否认："没有啊，我挺努力的啊。我觉得我挺在状态的啊。"这样一来，谈话便无法进展，教育也便失去了先机，大打折扣。

如果从近来的测验成绩或考勤评比或小组量化积分退步等入手，则往往能够切中肯綮。"老师很伤心地发现你最近成绩下滑了，量化积分也直线退步。我很焦急，你分析过原因了吗?"一步一步引导他,查找诸如上课不专心、时间没抓紧、情绪不稳定等形式上的原因,再提出建议,他很快便会心服口服地接受。

现阶段的孩子往往自尊心比较强,形式上的东西往往不好界定和评判,而效果往往有尺度标准,能量化。很多时候从形式入手,往往遭遇否认、逃避甚至对抗,而且操作不好,学生只会应付了事。从效果入手,由里及表,对症下药,往往能收到迎刃而解的教学管理效果。

(2019年1月,在和一位班主任谈心后作)

二、管理智慧

为什么现在有的学生不爱学习了

"太阳当空照,花儿对我笑,小鸟说早早早,你为什么背上小书包。"很多年前,孩子们都向往上学,喜欢上学。而现在每到开学季,各校门口都有一些哭着不进校门的学生。经过调查研究,我觉得原因有三:

一是他们觉得学习无趣。

兴趣是最大的老师。但现在很多地方初高中教学方式的陈旧,教学理念的落后,满堂灌、"填鸭式"教学方式在某种程度上依然大量存在。没有启发、探究、引导和生成,枯燥无味的讲授在某些范围内已经使课堂变成了"坐监"的代名词。学生无参与、无体验和无学习过程,只有接受结果,长期以来,造成了"教师在台上讲得天花乱坠,学生在台下昏昏欲睡"的困境。

二是他们觉得学习无用。

由于教师教材观的狭隘,大多是照本宣科,未与实际相结合,未与生活相结合,学生从课堂上未感知到知识的有用之处。教师不擅长将知识转化为通俗易懂、符合孩子认知的呈现，导致学生觉得教的内容与实际、与生活脱节，学习成为被迫的行为，应付考试成为学习的唯一目的，这导致了许多初高中毕业生出现考完试后撕书的现象。

三是他们觉得学校无情。

升学压力的增大，逼迫学校，尤其是很多初高中，一切向分数和排名看齐；评价尺度的单一导致教学成绩差的学生在学校没有存在感，没有尊严感；学校成了中高考的工厂，学生成了流水线上的产品；学校不是一个有情趣和爱的地方，不是师生生动生活的地方，而是一种可怕的存在，在一些所谓的差生看来尤其如此。所以说，"多一把评价的尺子就会多一批好学生"这句话非常正确。

（2018年10月，与几名厌学学生推心置腹谈心后作）

二、管理智慧

为什么有些班级的读书交流活动不成功

为"培养未来社会领军人物"这样一个育人目标,我们精心确立了"阅读、书法、写作"三大特色校本课程。在竞争激烈、有着巨大升学压力、寸时寸金的初中,我们辟出专门的时间让全校学生进行读书交流。但是,在实际操作过程中,有个别班级开展得不太成功,原因如下:

一、最根本的原因是未能全面激发学生的读书兴趣。不读书,读书少,读书交流便成了无源之水、无本之木。为读书交流而交流自然不能充分调动学生的积极性和主动性。

二、读书交流气氛不活跃,这体现出平时班级和教学管理不民主、不和谐。管得太严,对学生宽容度不够,学生不敢表达,不愿表达。教师要放下权威身段去和学生交流沟通,站在学生立场和角度去考虑问题,处理问题。真正落实我校两个教育前提:假如我是孩子,假如是我的孩子。

三、个别教师插手太多,不放心,不放手,未能让学生充分发挥,限制了学生的自由表达。

追寻：每一个生命的光亮

四、读书交流形式单一、单调，未根据实际需要采取不同方式方法来激发学生的积极性和主动性以及参与活动的热情和兴趣。

（2017年12月，为推动学校每周学生读书交流会，在一次阶段总结会后作）

二、管理智慧

新时代教师如何"叫家长"

"叫家长"是几代教师解决顽劣孩子的"疑难杂症"屡试不爽的法宝和终极利器。但是,不管是对学生,还是家长来说,它都是杀伤力巨大的,令无数孩子谈之色变,令无数家长羞愧难当。

一些学生家长被叫到学校后,被老师劈头盖脸地一顿痛批,使那些在社会上有头有脸的场面人物或叱咤一方的管理人员脸面无存,尊严扫地。气急败坏之余,有的当场对孩子"啪啪"两耳光,以解被老师凌辱之苦;有的耐心好一些,回家"男女混合双打""大刑伺候",感叹并数落"虎父龙母"怎生出这个不争气的"鼠辈"。

于是乎,在学校被打的,从此便与老师结了深仇,要么宁愿退学也不愿入这个老师的班,要么明着与老师对着干:你不让我好过,我也不让你好过,你让我丢丑,我也让你颜面无存。经调查,学生顶撞老师很大程度上是因为被"叫家长"而引起的后续反应。

那些在家挨打的,虽不失颜面,但打是着着实实地挨在了

追寻：每一个生命的光亮

自己的身上。所以他们会把账全部记在老师头上，学会了"非暴力不合作""阳奉阴违"——你说东，我找机会背地里偏偏往西；没有什么班级荣誉感，反而巴不得让自己班里多扣点分；至于放老师的车胎气，用钥匙划老师的车，给老师茶杯里放粉笔末等也在所难免。其结果是毁了孩子、累了家长，苦了老师。

我曾经说过一句话："学生犯错叫家长，其实是老师无办法的表现。"那么现在家长该不该叫，什么时候叫呢？

我认为，凡事不能一棒子打死，家长也是可以叫的，除了涉及安全等紧急情况，最好别在孩子犯错误后叫。很多老师在孩子犯错误后，二话不说，掏出手机就给家长打电话。这恰恰失去了学校教育和老师教育的最好契机。

叫家长，一是应该在孩子进步或者获得奖励时叫。在期中、期末总结表彰会上，在各种活动或大赛的颁奖典礼上，邀请学生家长荣誉出席，让他们分享胜利的喜悦。

二是在重要的人生节点叫。入学百天礼，14岁青春仪式，18岁成人礼，毕业典礼，叫家长共同见证孩子的成长。

三是在孩子彷徨迷茫、精神不佳、状态不好时叫。与家长共同分析孩子状况，客观剖析原因，家校携手，共同促进孩子更好地成长。总之，绝对不能在孩子犯错误后叫家长，更不能告状似的叫家长：陈述孩子的种种劣迹，数落孩子的诸多不是，指责家长的教育缺失，表达自己的灰心失望。

二、管理智慧

对待到校的家长,要微笑相迎,态度平和,以礼相待,相互理解并友善沟通。

毕竟在教育孩子的过程中,家长是我们天然的同路人。在渡人到彼岸的船上,我们和家长是各拿一只桨。用对了力,家长们能帮助我们更快到达彼岸;用反了劲,船会在河中打旋,甚至会倾覆在河中。虽然损失最大的是孩子,但我们也难辞其咎。

(2020年4月,目睹一学生犯错误被"叫家长",班主任历数种种学生在校"罪状"后家长失控、与学生在教室外大声吵闹后作)

追寻：每一个生命的光亮

教师，你如何才能幸福？

当今社会，教师似乎成了"钱少、活累、地位低"群体的代表。一说到投入产出比，某些教师言语中，就给人一种苦大仇深的感觉。那么作为教师，果真失去追求幸福的能力了吗？其实，不然。我认为，不管从事什么职业，除了自己，任何人或事都不能剥夺自己追求幸福的能力。

一、物质和贪欲不能让人幸福，理想和情怀可以让人幸福。

虽然国家一再提升教师的福利待遇，但作为事业编制的老师不可能获得日进斗金的巨额财富。如果不是对奢华生活有特殊强烈的追求，在国内一般的城乡地区，教师的工资维持简单生活还是可以的。更重要的是，教师的工作，对国家和民族的意义是任何职业都不可比拟的。"启蒙人生""渡人上岸""改变命运"，这些伟大的事业都可以与我们工作的一点一滴紧密相连。我亲见一些优秀教师影响几百名孩子的人生走向；一些励精图治的校长改变成千上万学生的人生际遇；一些有情怀担当的教育官员改变一个地区数十万上百万孩子的教育现状。每思及此，我感到一个人的生命能让那么多生命变得更美好，这种教育理想和情怀的成就感和心理满足感，它带给人内心的愉悦感，是任何物质都给不了的。

二、教学不能让人幸福，教育能让人幸福。

教学是科学，教育则是艺术；教学有时是枯燥的，教育则可以是生动的；教学有时是冷冰冰的，教育则可以是有温度的。教学是机器人都可以做的，而教育则是有记忆、有温度、有厚度、有良心的。一个教师只会教学，不懂教育，那他未必会幸福。教育的过程是双向的，正如"赠人玫瑰，手留余香"一般。教育者在施教于人的过程中，会收到被教育者发自心底的感恩和善意的回馈，以及听到生命拔节开花生长的声音。这种幸福绝对是极度奢侈的精神补品。

三、工作本身不能让人幸福，在工作中收获的真挚情感能让人幸福。

"披星戴月""披肝沥胆""夙兴夜寐"这些词本身并不能带给人快乐。我们教给学生的公式可能淡漠，定理可能会遗忘，但同事间，尤其是师生间培养出的真挚感情会经年累月，越积越深，历久弥香。每每想到几年前和一帮兄弟姊妹打"绝地反击战"时积累的战友般的深厚情谊，我总感到温暖异常。多年前的学生，早已天南海北，甚至生活在地球的另一端，但他们春节回家必拜访老师，对老师来说，那是何等的荣耀。我上高中时的陈老师，桃李满天下，在本地几乎任何行业均有学生在，他有大小事情，但凡学生知道的，必会不遗余力去帮他解决，精心程度堪比儿女。做好一名教师，这世上便多了很多亲人。

四、浑噩度日不能使人幸福，学习和成长能让人幸福。

从来没见过在一个团队里，偷奸耍滑、敷衍怠工、当一天和尚撞一天钟的人，能真正活得快乐。而那些兢兢业业、正直诚实、奋力向前、正能量满满的人，自我体验才是幸福的。他们在不断学习、不断进步的过程中，心中有爱，眼里有光，身上有劲，不断攀登和超越，在一个又一个目标实现的过程中，不断挑战自我，发掘自身潜能，实现一个又一个不可能。这种生命喷涌勃发的美好，这种自我实现的快乐，这种照亮别人的欣慰，这种教育者特有的自信，才是最幸福的。

（2019年12月，在听到个别教师抱怨工资少后作）

二、管理智慧

南阳市三中伏牛路校区"一二三四五六"办学思想体系解读

一年来,我们秉持三中"志当存高远,敢为天下先"的校训,携带名校的基因,长成自己的样子。紧紧抓住教育改革创新的历史机遇,遇山开路,遇水架桥,筚路蓝缕,帮扶前行,不忘初心,奋勇争先。在艰苦卓绝的教育实践中,凝练出了既遵循教育本质规律,又能体现我校特色的办学思想体系。它可以概括为"一二三四五六"办学思想体系:

一种教育理念:从人生的角度做教育,从教育的角度做教学。

一种认知:教学成绩只是学生综合素质提升的副产品。

两个教育前提:假如我是孩子,假如是我的孩子。

三层育人目标:

第一层,培养适应未来社会发展的人才,即合格公民。

第二层,培养促进人类社会发展的人才,即社会精英。

第三层,培养引领民族社会发展的人才,即国家栋梁。

三层学校发展目标:教师幸福,学生发展,社会满意。

三大特色课程：阅读、书法、演讲。

四种育人方式：陪伴、影响、激励、唤醒。

四种教育情怀：做有记忆、有温度、有厚度、有良心的教育。

五种课堂意识：关注意识、落实意识、目标意识、激励意识、思考意识。

六个学生标志：有志向、守纪律、懂感恩、负责任、会学习、有作为。

从人生的角度做教育，从教育的角度做教学
——解读"一种教育理念"

2016年9月，国家正式发布《中国学生发展核心素养》，给当今我国教育"培养什么样的人"及"如何培养人"指明了方向。

我校确立的"从人生的角度做教育"理念，体现的就是全面教育、发展性教育，是我校一切教育工作的指挥棒。我们就是要致力于培养学生适应个人终生发展和社会发展需要的必备品格与关键能力，为学生终生的可持续发展奠基。

我校确立的"从教育的角度做教学"理念，就是要引领教师从人的角度、从学生发展的角度、从国家民族需要的角度，用宛城区教体局的"大教育观"推动教学，提升质量。

二、管理智慧

教学成绩只是学生综合素质提升的副产品
——解读"一种教育认知"

考试分数,是不可回避的话题,也是考评学校及教师的核心指标,但是,我们要跳出单纯追求分数和升学率而忽略人的和谐发展的怪圈,我们做"培养人的教育,不做只培养分数的教育"。

我们从大教育观的视角抓教学,充分发挥教育的育人功能和作用,发挥教育对教学的促进作用,真正实现"素质好,不怕考"。正如某著名教育家所说:"真正的教育,是自由的精神、公民的责任、远大的志向,是批判性的独立思考、时时刻刻的自我觉知、终身学习的基础、获得幸福的能力。"伏牛路校区近一年来的教育实践和教学成绩奇迹般的提升充分印证了这一理念和认知的正确性。

假如我是孩子,假如是我的孩子
——解读"两个教育前提"

企业家要研究市场,工人要研究产品,教师要研究学生。在教育学生、管理学生、提升学生成绩的过程中,教师的工作如何才能感同身受接地气呢?需要角色换位!

追寻：每一个生命的光亮

把自己当成学生，才能设身处地地为学生着想，让孩子成为课堂和校园的主角，真正站立在校园的正中央！

践行"假如是我的孩子"这一理念，教师才能不只满足于教艺精湛、敬业奉献，而是要有十足的感情投入。高尔基说："只有爱孩子的人，他才可以教育学生。"

在换位思考中，以思考提升教师修养的高度，从而提升思想的境界，以思想抚慰灵魂，才能真正做好教育，才能办人民满意的教育。

第一层培养适应未来社会发展的人才，即合格公民
第二层培养促进人类社会发展的人才，即社会精英
第三层培养引领民族社会发展的人才，即国家栋梁
——解读"三层育人目标"

教育是一场人类思想的赛跑，教育是立足现实的、着眼未来的事业。在"互联网+"的背景下，教育更需有国家命运的担当和使命。

成功的教育的最基本底线是，把所有的学生都培养成适应未来社会发展的合格公民，成为社会的合格建设者和接班人。在此基础上，肯定会涌现一批社会精英、领军人物甚至国家栋梁。

我们的信条和努力就在于，"让平凡的孩子变得优秀，让

优秀的孩子成为领袖"。我们致力于发现每个人的潜能与天赋,无限加强一个人的天赋,使之无限延长,让每个人发现自我、成就自我,成为最好的自己。

教师幸福,学生发展,社会满意
——解读"三层学校发展目标"

百年大计,教育为本。教育大计,教师为本。教育是两个世界的相遇。教师只有先打理好自己,才能优雅地走向孩子们。只有幸福的教师,才能教出快乐的孩子,办出群众满意的教育。

"教师个人价值如何实现?""作为三中伏牛人,人生的使命是什么?""如何赢得幸福?"盯着这样的目标,我们通过四项举措倾力打造幸福教师、幸福学校。

第一,开办教师食堂和推行教职工课间操。让教师吃得好,身体好,满足教师的基本需求,这也是干事创业的本钱。第二,通过大范围的各种形式的培训,让教师学得好,满足教师自身成长的需求。第三,在政策允许的情况下,对教师进行多方面的慰问和关爱,让教师福利好,让他们充分体会学校的温暖和温情。第四,树立"管理即服务,同事即亲人"的理念。充分理解尊重教师,让学校成为一个充满人情味的地方,成为每个教师都留恋的地方,成为一个温馨和谐的地方。

追寻：每一个生命的光亮

阅读、书法、演讲
——解读"三大特色课程"

一个民族的精神境界与这个民族的阅读水平息息相关。某种程度上说，一个人的精神发育史就是他的阅读史。在某种意义上说，阅读高度决定人的精神高度。在现今时代，阅读能力可以说是人才的核心竞争力。

在电脑键盘大行其道的今天，书法可以使人明智、懂得辩证、修炼内心、参悟大道、培养审美。

准确清晰的口头表达永远是个人魅力的集中体现和社交的终极利器。演讲锻炼人的交际能力、勇气、思维反应速度。美国人甚至把"舌头、电脑和美元"称作三大战略武器。

三大特色校本课程为三层育人目标服务。

陪伴、影响、激励、唤醒
——解读"四种育人方式"

陪伴：教育就是陪伴。陪伴不是陪着，而是全身心投入陪伴对象的每一个过程和环节。陪伴不是形式，更重要的是深入陪伴对象的心灵、情感和精神当中去。用同理心去建立信任。不做他面前的大山，而是做他背后的大树。

二、管理智慧

影响：教育需要思想引领，思想不是说教而来，而是由影响而来。教育者只能以自己的正直去构筑学生的正直，以自己的人性的美好去塑造学生美好的人性，以自己的高尚品德去培养学生的高尚情操，以自己的坚强意志感召学生追求卓越。细雨湿衣看不见，闲花落地听无声。发挥教育的潜移默化作用，可以达到润物细无声的效果。正如清华大学前校长梅贻琦所说："学校犹水也，师生犹鱼也，其行动犹游泳也，大鱼前导，小鱼尾随，是从游也，从游既久，其濡染观摩之效自不求而至，不为而成。"

激励：指激发和鼓励。以学生的需要为基点，以马斯洛需求理论为指导，用无差别的尊重和有差别的待遇，让先进者获得关注、尊重和礼遇，使之保持向上的劲头和动力，让优秀者更优秀，感召后进者见贤思齐，从而使整个团队保持比学赶帮的态势。

唤醒：毋庸讳言，对有些学生而言，陪伴、影响、激励皆无济于事。这时，应唤醒学生心灵深处的天赋理性和内生性力量，让学生从蒙昧中醒来。从人的生命深处唤起学生沉睡的自我意识、生命意识，促使学生的价值观、生命感和创造力的觉醒。保护好学生的自尊，呵护好他们脆弱的心灵，让他们见微知著，触类旁通，自省自悟，在成长中收获自尊、自信、平等和尊重。当有一天学生惊喜地感受到一种跃动的活力、一种难以遏制的激情与冲动时，教育也就回归了其应有的本意——

唤醒。

做有记忆、有温度、有厚度、有良心的教育
——解读"四种教育情怀"

有记忆：有记忆的教育就是触及孩子心灵深处的教育，能对孩子一生起深远影响的教育。学校应在合适的时间节点，找准教育契机和教育的仪式感，从而达到对孩子一生起深远影响的效果。这也印证了我们从人生的角度做教育的教育理念。

有温度：教育需要被感知的人文体贴和关怀，不因内心的冷漠而麻木，不因外界的浮躁而喧嚣。有温度的教育应体现在对学生的终极关怀和终生发展上。应让校园中的一草一木温馨和谐，让师生感受到校园的幸福和温暖，让师生均能够快乐地成长、进步。

有厚度：不单纯为教育而教育，不单纯为教学而教学，不单纯为活动而活动。一切教育教学行为都有其背后的意义所在，有深厚内涵、精神和文化的教育才能高屋建瓴、游刃有余、事半功倍。

有良心：以仁爱之心做教育，以父母之心当老师。两个"假如"（假如我是孩子，假如是我的孩子）的前提是最好的诠释和注解。时刻不忘肩上的责任，处处付出教育的真心，永远守住教育的原点。不忘初心，无问西东。

二、管理智慧

关注意识、落实意识、目标意识、激励意识、思考意识
——解读"五种课堂意识"

关注意识：关注学生学习习惯、学习情绪、学习方式，通过有针对性的提问，随时关注课堂中存在的问题，调整教学策略，及时关注学生的学习效果。

落实意识：体现学生为中心的课改理念，教师边讲边通过大面积提问或其他形式落实重点基础知识；边讲边通过多种形式的练习或问题设置加强重难点知识的应用与迁移。

目标意识：目标是制约课堂效率的最关键因素。围绕目标进行教学环节的设计，通过师生双方的活动，达成目标，生成有效课堂。

激励意识：通过小组量化加分，营造竞争激励氛围；通过具有鼓动性的表扬以及语言、动作、神情进行激励，打造平等和谐的课堂氛围。

思考意识：在教学各环节中由浅入深地设计问题，用问题驱动法引导学生不断思考、探究，生成知识，进而通过问题或练习应用，迁移知识，生成能力。

以上五种课堂意识旨在突出学生主体地位，促使教师形成课堂中的学生意识，使课堂变得深刻、丰富、高效、有情感。

追寻:每一个生命的光亮

有志向、守纪律、懂感恩、负责任、会学习、有作为
——解读"六个学生标志"

有志向:有志者事竟成。有志向,才有追求,才有前进的动力;有志向,才有做人做事的本事、气魄和胆略。心在哪里,路就在哪里。心有多大,舞台就有多大。

守纪律:"欲知平直,则必准绳;欲知方圆,则必规矩。"守纪律是合格公民的必备条件和基本素质,也是做事、做人的底线。纪律性强的团队和个人一定拥有与之对等的战斗力。

懂感恩:感恩是一种处世哲学,也是生活中的大智慧。感恩的能力不仅是社交礼貌,也是一种核心竞争力。心怀感恩的人很少妒忌他人;充满感恩的人能更好地应对生活压力,具有更强的抵抗力;心怀感恩的人,更能赢得他人的支持和帮助。感恩可以增强人们的社会归属感,增强作为好公民的责任,使人们对善意更忠诚。当今社会需要以多种形式将感恩贯穿于各种文化中。对每个人的贡献表达感恩,从而使社会变得更加和谐、团结。公开表达的及其他各种形式的感恩会使人们保持乐观并有共同目标感。

负责任:责任感不是与生俱来的。负责任是一种态度,是一个人做人的基础。做好每一件该做的事就是负责任的表现。教育孩子要对自己负责,对他人负责,对世界负责。

二、管理智慧

会学习：实践证明，会学习的人是最有潜力的人。应让孩子树立全面学习、终身学习、时时学习、处处学习的学习观念。培养浓厚的学习兴趣，掌握科学的学习方法，培养良好的学习习惯，注重学习实践，将学习成果落地。

有作为：不是学习成绩优秀才叫有作为，社会建设需要各行各业的人才。世界上没有庸才，只有用错了地方的人才。鼓励每个孩子发掘自身优点和潜能，并不断发扬光大，具备做好某一件事或某几件事的能力，发展某种职业或某几种职业领军人物的潜质。

追寻：每一个生命的光亮

南阳市第六完全学校高级中学办学理念解读
——做适合每一个学生发展的教育

一、核心理念：做适合每一个学生发展的教育

美国著名心理学家加德纳的"多元智能理论"指出：每个孩子都是一个独立的个体，都是一个在某方面潜在的天才。中国古代教育家孔子两千多年前就提出，教育要"因材施教"。叶圣陶先生说，"教育是农业而不是工业"。进入新世纪，《国家中长期教育改革和发展规划纲要（2010—2020年）》明确指出："关心每个学生，促进每个学生主动地、生动活泼地发展，尊重教育规律和学生身心发展规律，为每个学生提供适合的教育。""适合的教育"是国家教育意志的新表达，也是以学生为本理念的具体化。著名教育家顾明远先生说："教师的爱在细微处"，"要利用信息技术为每位学生提供个性化的平台"。由此，我提出了"做适合每一个学生发展的教育"的核心理念。

好的教育是合乎人性的教育，是适合学生群体特点的教

育,是适合学生个体的教育。"做适合每一个学生发展的教育",是一种温暖,是一种关怀。它强调以学生为本,追求人文关怀,引导学生的心灵走向真、善、美;强调教育要适合每一个学生的个性,适合每一个学生的实际需要,在尊重和理解的基础上为学生提供民主、科学的教育教学服务;强调教育要与时代发展紧密结合;强调教育必须为学生的可持续发展奠定基础,把学生在成长过程中的自主性、选择性、倾向性还给学生。

第六完全学校(南阳外国语中学)相对充足和年轻的教师队伍、小班化教学等优势为此核心理念落地提供了充足的保障和可能。

二、各学段培养目标

根据学校核心理念,坚持高端办学定位,根据不同年龄段学生生理心理发展特点,幼儿园阶段不拔苗助长地过早教学,做幼儿应该做的事;小学着重养成良好习惯;初中着重培养人文素养;高中着重培养领袖气质。让每个学生成为最佳的"我"。

实施路径一:打造"南阳外国语中学"的特色

坚持高端办学定位,突出优势和特色,独辟蹊径,办出外国语学校"外语/民族/国际/现代"的品位和特色。以外语

追寻：每一个生命的光亮

特色为载体，国际视野为纬线，以民族文化为经线，潜能激发为抓手，未来信息技术为工具，经纬交融，多点发力，努力把每一位学生培养成具有"身心健康、民族精神、国际视野、责任担当、领袖气质"全人素养的未来社会领军人物。

1. 课程先行。除开设国家规定的普通中学全部课程外，以培养学生进入国际名校为目标，开设 A-Level、AP 国际课程项目，开设日语、俄语、法语、德语、西班牙语等非通用语种，开设世界文化了解课程、英语文学欣赏课程、莎士比亚戏剧课程、世界文化入门课程、跨文化沟通艺术、批判性思维训练、创造性思维训练、人生规划课程等校本课程。

2. 课堂凸显。英语课全英教学，统一使用"南外课堂用语"，下发外国语学校课堂英语指导语，培训其他学科教师使用英语课堂指令，引导学生在学习过程中使自己的视野和知识国际化。双教材授课，外语教学除使用部颁教材外，引进国外原版教材，采用"听说领先、读背跟进、带动写译、情景交融、实践延伸"模式。推广课前三分钟英文演讲，夯实课堂主阵地。

3. 外教加盟。与南阳高校联合聘请外籍教师任教口语课程，实行多课时、小班化教学。

4. 积极开展对外交流与合作。与国外中学对接，积极参与留学、研学、交换生等国际合作项目。实现学生结对互访、教师学习互派、教学资源互通、学生交流互学。开展欧美留学预

二、管理智慧

备课程项目，与国外知名高校积极联系建立合作意向，进行教科研交流，接受业务指导，共享师资及资源。

5. 创设多元的进出口平台。学生出口方面，一是普高学习，叩启国内"双一流"高校大门；二是通过国际课程学习自主申请国外高校；三是通过第二外语学习参加多语种高考、自主招生和交换生项目。

学生进口方面，一是通过中招择优录取学生；二是利用外国语学校优势争取政策设立国际班，对口升学国外高校；三是成立特长生部，吸纳体育、艺术、科技创新、外语、奥林匹克竞赛等特长学生，系统培养，争取为"双一流"大学输送人才。

6. 开发师生资源。组织外语剧社、外语校报、外文广播站、英语角、德语文化长廊、"模拟联合国"等学生社团，举办外语文化节，设立外语周、外语日，每学期轮流举办欧洲国家文化日、北美洲文化日、日本文化日等国际文化宣传活动，举办外语网页制作大赛、外语演讲、外语辩论、外语歌曲大赛、外语作文竞赛、外语板报比赛、外文短剧大赛等学生外语文化活动。开展"外语之星评选""南外形象大使竞选""最美南外人评选"等活动，使这些社团和活动成为展示学生学习成果的窗口和外语实践活动的机会。

实施路径二：调动内因、激发潜能

"人的潜能、个性和价值是高于一切的，人是教育的出发点

追寻：每一个生命的光亮

和归宿，教育的功能就是要帮助人达到他能达到的最高境界。"

要想"中进优出、优进杰出"，只能激发学生潜能，调动内因，发挥教育对教学的促进作用。

1. 榜样激励

"人生中最深切的禀质，乃是被人赏识的渴望。"

一是名人、大家进校园激励。请道德模范讲述身边的感动；请社会成功人士讲述人生的传奇；请国学大师讲优秀传统文化。激发每个孩子强大的自信心、自尊心、上进心。二是身边人激励。老教师、往届优秀毕业生报告或视频《我们在大学等你》《有梦想就别放弃》；班级内优秀生，如每天到操最早、早读最专注、声音最大、听课最认真、各科作业最好、课间表现最好、回答问题最积极、每周内务最好、学习劲头最大、各科整体最好、周测最认真、每月进步最大、综合评价最高等都可以作为激励的榜样。三是影视资料激励。让学生走出学校，放眼世界，集体观看《感动中国》《我的高考》《卡特教练》《一球成名》《你凭什么上北大》《我们都不是神的孩子》等励志视频。

2. 荣誉激励

第六完全学校的教育遵循"以人为本"的理念，我们认为"关注每个学生"本身就是最好的教育，教师要关注学生的情绪生活和情感体验、道德生活和人格养成，使教学过程成为学生一种高尚的道德生活和丰富的人生体验。多一些评价的尺度，对学生贡献和进步予以公开认可。常规表彰，如晨会、周总结等，坚持每次表彰80%以上的学生。除了表彰成绩优秀、进步外，还覆盖纪律、精神、习惯、态度、卫生等，让每个学生都生活在希望之中，学习在激励之中，生存在尊重之中。坚持开展专项评选表彰活动，如"每周之星""最美学生""十大杰出学生""十佳宿舍长""十佳学生干部""学校代言人""最佳社团负责人""学生兼职教研员"，以及各种活动赛事表彰等。

3. 环境激励

将学校内外每一处的空白都赋予育人内涵。校园、教室走廊、校园的围墙，学校大门两侧、食堂门口、教学楼的墙壁等都不放过。一是各种励志誓言或者每个优秀学生的座右铭等。二是同龄孩子事迹介绍，往届优秀生考入名校事迹简介。前两年没有毕业生的可以用现职老师的往届学生。讲好往届学子故事。三是多用照片，图文并茂，直观亲切，效果更好。总之，要让每一个进入校园的人明显感受到熏陶和影响。

4. 情感激励

真正践行"以仁爱之心做教育，以父母之心当老师"。以"假如我是孩子，假如是我的孩子"作为一切教育活动的前提。一是"说"，谈心是班主任工作的重要手段。学生思想上有疙瘩，同学之间产生矛盾、遇到困难、受到挫折、犯错误时，要主动接近他们，真心诚意地与他们促膝交流，像朋友一样倾听他们的心声，了解他们的内心世界，释放他们的心理压力，随时随地同他们心理换位，晓之以理，导之以行。二是"写"，班级每天实施的"心灵之约"、校长信箱回复、周记作业批改等都是激励学生的机会，杜绝无温度的批改。一句鼓励的话，学生可能记一辈子。三是"讲"，即上课，上有温度、有记忆、有良心、有深度的课，每节课落实关注50%以上学生；讲练结合，连续讲不超过五分钟；课堂关注表扬激励五个以上学生；课前课后与五个学生谈心。

5. 活动激励

没有活动，就没有参与；没有参与，就没有体验；没有体验，就没有内化；没有内化，就没有升华。精心组织策划"模拟联合国""语言文化节""双语辩论赛""青春礼/成人礼""校园文化艺术节""体育节""中外短剧大赛""百日誓师大会""迎春联欢晚会""学校形象大使竞选"等活动，及时进行教育渗透和品牌课程开发。

6. 反馈激励

利用每天早上固定时间的晨会、每周一次的主题班会、周总结和每月表彰，总结反馈每天每周每月学生各方面表现，弘扬先进，激励后进。坚持"午后一支歌""课堂三部曲"，课前动员，课中鼓励，课后留白，提升学生的精神状态，激发学生的热情，开发师生的听授课潜力。

二、管理智慧

实施路径三：未来信息化教育手段

朱永新在《未来学校：重新定义教育》一书中提出："一定意义上可以说，未来教育不是简单地为了适应外界，而是为了自己内心的丰富"，"在未来社会……人们学习的内容将发生重要的变化"，"从为了一纸文凭而学，到为了自己的兴趣和提升自己的能力而学"。我们要用国内一流的硬件、国内一流的未来智慧教学手段做好我们的教学工作，不能在21世纪的建筑里面用18世纪的教学方式手段组织教学。

1. 信息技术与教育教学深度融合、具有鲜明信息时代特征。

实现人人互动、人机互动，提高课堂效率，真正实现"因材施教"。通过大数据技术，对每位学生的成长进行多维度、多方位的数据采集，记录他们每个阶段的学习、生活数据，形成个人独特的AI智能学生信息档案，以此为他们适时更新所需要的个性化的学习方案。

2. 教学模式颠覆性变革。

新高考改革制度也对学生的自主能力有比较高的要求。

适应未来的学习需要当自己学习的主人。你想要实现什么目标？在实现目标的路上，你需要学什么、怎么做，有多大潜力能实现目标？一旦有了主人翁意识，学生就会主动把握学习进度，摸索出适合自己的学习类型。

第六完全学校将"以教师为中心"转变为"以学生为中

心"；将"课上传递知识，课后吸收内化"转变为"课前传递知识，课上吸收内化"；将"教师是演员，学生是观众"转变为"教师是导演，学生是主演"。课前环节：一次备课、发布任务、自主学习、反馈交流、获取学情、二次备课。课上环节：展示交流、合作释疑、检测提升、总结评价。

3. 教学过程革命性变革。

全员使用智慧校园平台和资源，于开学前全员培训使用。一是，在课前备课模块，通过备课工具，老师可以备课件、备教材，在备课件时，可以通过备课工具简单方便地将云端资源、学科网资源以及本地老师多年教学积累的优质资源一键添加，并可以对资源进行修改，从而更加符合自己的教学设计。二是，在授课过程中，基于课本授课、课件授课、电子白板授课、试卷讲评课、学科应用授课等多种授课方法，提升课堂容量，增加课堂授课的多样性。三是，在作业推送、个别辅导、试卷批改评讲，个性化变式训练中，实现"一人一模"。真正践行核心教育理念"做适合每一个学生发展的教育"。

三、办学思路：精神引领、文化熏陶、师生发展、社会满意

（一）精神引领

一所学校是需要有精神的。

二、管理智慧

电视剧《亮剑》中，有这样一段经典台词："一支部队的传统和性格是由这支部队组建时，首任军事首长的性格和气质决定的。他给这支部队注入了灵魂，从此不管岁月流逝、人员更迭，这支部队灵魂永在。"

军队如此，学校亦然。强大的气场一经形成，即使师生人员会有所更迭，学校气场也不会减弱，更不会消失，而是会不断融入新的因素，感染新的成员，发挥新的作用。

独具特色的精神和文化是在学校内部形成的，被学校成员共同遵循并得到同化的价值观体系、行为准则、思想作风等。一所学校的"精、气、神"，是一所学校的综合个性。学校用只属于其本身的文化和精神，从而形成独特的能量场。注重营造整个学校的办学氛围，使之趋于最美之境地。

什么是教育？教育就是一个人把在学校里所学的东西忘光了之后，剩下的东西。而剩下的东西就是学校潜移默化浸润给学生们的三观、精神以及文化气质。

学校精神不是靠培养和灌输的，必须是学校主要领导的气质个性和行为准则。学校领导应明确学校的蓝图和目标，引领价值工作，示范带动，想尽方法通过会议、读书交流、大讨论、摆事实、讲道理等将这种价值和精神内化深入人心。这是一个从"我"到"我们"的过程。更重要的是，通过说话、做事、思维方式、处理问题等影响和带动全体教育者以及学生，可以达到"学生随班主任""老师随校长"的效果，进而所有

追寻：每一个生命的光亮

人同心同德地为了一个共同的目标拼搏。

（二）文化熏陶

"校园文化就是一个'场'，学生一进入这个'场'，就能受到它的熏陶，即使离开这个'场'，生命里也依然有它的烙印。"

作家梁晓声这样阐述文化：根植于内心的修养，无需提醒的自觉，以约束为前提的自由，为别人着想的善良。

文化是制度管不到但还能起作用的一种东西。"文"是手段，"化"是结果。"文"是载体，"化"是过程。文化分"面子"（物象）文化和"里子"（制度行为）文化。

应把校园文化打造成一种生态环境、一种让人依恋的氛围，让人奋发的氛围和精神气场，让它具备使人感觉舒服的温度。应将校园合理规划，将办学理念、目标、思路、手段以及学校特色、励志标语、简短教育文章、名家名言、著名大学简介、世界文明成果、学生格言、师生简介、校园活动、学生成果等展示在校园里，聘请设计师根据校园建筑统一设计规划校园道路、文化石、树牌、楼道、餐厅、宿舍、桥边栏杆、围墙、教室，以打造特色校园文化氛围：使每一个进入校园的人都受到熏陶和感染！

（三）师生发展

师生发展首先是教师的发展。任何一所学校的精神和文

二、管理智慧

化,永远由这所学校的老师来代表。如果这所学校有一批有学问而又有崇高道德的老师,这所学校就会成为被人难以忘怀的学校。教育是一群人才能完成的事业,当每一个教师都把教育当成事业的时候,学校的文化就有了源头活水,教育也就成功了一大半。

教师发展的方针:尊重教师,依靠教师,服务教师,成就教师。

首先把教师放在教职工的最中间,校领导要做教师背后的大树,解决教师后顾之忧,而不做教师面前的大山。管理就是沟通、服务和引领。后勤围着"前勤"转,处室围着年级转,领导围着教师转,全校围着教学转。调动每个教师的育人积极性,把每个教师当成未来教育家培养。老师从权威教导者变成引导者、陪伴者。在个性化学习中,学生自主学习、探究,与其他人合作,老师就变成了指导者和陪伴者。

1. 封起来训。寒暑假,尤其是新教师到岗时,封闭培训尤为必要。它可以让他们更加心无旁骛,更快认识彼此,更能有团队归属感。包括关于学校理念、精神文化、新教学方式等基础性入门归属培训。

2. 请进来教。邀请名家大师进校培训,层次高,人数多,涉及广。

3. 走出去学。每学期有目的、有计划地送教师外出学习取经,开阔教师眼界,不断注入新的活水。虽然投入大,但目的性强，效果好。

4. 坐下来读。养成每天师生共读习惯。每月共读一本书，每学期举办读书交流会，不断丰盈教师思想，提升职业境界和专业品质，汲取前进的力量，助力名师成长，以形成便利性、灵活性、日常化的规范。

5. 沉下身研。引导教师必须有研究意识和课题意识，完成从教书匠到教育家的转变。树立"问题就是课题"的意识，从常态中的教学行为、教学现象、教学细节出发。善于把教育教学中有意义的问题转化为富有个性特色的校本教研课题，提升教科研能力。积极申报教育教学课题，做细做深做强中高考研究，做好做精各年龄段学生研究。这样做会产生成果显、规格高、意识强的效果。

6. 扶上台赛。每学期组织各种形式的教师基本功大赛、教学技能大赛、课堂教学比武、中高考命题做题大赛等，发挥团队优势。捆绑参赛，加速中青年教师成长，促使团队年轻化。

7. 推出去讲。培养一个，宣传一个，包装一个，成就一个。为教师搭建多种不同平台——国家省市区赛课、研讨、交流、支教、送教，大范围、高频次地推出教师，形成名师辈出之势。这样做，范围大、发展快、受益广。

8. 静下心写。引导并要求每人开设简书或者公众号。将每天读书心得、教育感悟、教学反思诉诸笔端，形成文字，最后结集成书。增强教师终身学习的意识，促进教师自主学习。把

二、管理智慧

学习引入工作，让工作学习化、学习工作化逐渐成为教师群体的一种生活方式，进而营造良好的学术氛围。天长日久，必见其功。找灵感，勤反思，易升华。

9. 围起来探。集体教研与分散教研相结合，定时定点教研与随时随地教研相结合，当面教研与网上教研相结合。健全"随时随地教研——每天备课组教研——每周教研组教研——每月会议室主题研讨"的四级教研机制。不断提升集体教研的深度和广度。实现团队性、分级制、整体化的效果。

10. 开着门评。推行"每周最美教师""夸夸身边感动的人和事""每学期功勋教师""最具成长力教师""十大青年杰出之星""最受学生欢迎教师"等评选活动，让典型引路，以点带面，弘扬先进。坚持公开性、正向性和激励性。

11. 个性化帮。帮助教师建立清晰的个人专业发展规划。确定长期、短期、近期个人的发展规划目标，强化教师的专业自觉和内在需要，强化个人发展目标的内驱力、自信心和坚持力，把"要我发展"变为"我要发展"，让教师积极主动地培养自己，做到自己改变自己、提高发展效率和能力。

成为教师之前，成功只和你个人有关；成为教师之后，成功只和学生的成功有关。我们要的是成人之美、水涨船高，而不是个人英雄、水落石出。教育从来都是潜移默化、陪伴影响、耳濡目染。只有教师获得发展，才能带动学生的发展；只有先教育好自己，才能教育好学生；只有幸福的老师，才能教出快乐的学生；只有向上的老师，才能教出杰出的孩子。

（四）社会满意

一是，通过外语特色教育和独具特色的学生潜能开发以及独辟蹊径的方式积极探索学生多元成才平台，因人施策，为每个学生定制"普通高考、艺术特长生、第二外语、体育单招、高水平运动员、空军及民航飞行员"个性化课程，为每一个学生量身打造最适合其个性与潜力的升学路径和人生发展规划，利用新高考政策和高校录取特点，使文化课本科水平的学生力争考入"双一流"高校，文化课"双一流"水平的学生力争进入国内外名牌大学，让学生及家长满意。

二是，在学生学习生活习惯培养、人文素养提升以及有领导潜力的学生气质培养上让社会满意。努力把每一位学子培养成具有"身心健康、民族精神、国际视野、责任担当、领袖气质"全人素养的未来社会领军人物。

世界对未来教育的想象，一定还会不断衍生发展。

著名的未来学家尼古拉·尼葛洛庞帝有一句名言："预测未来的最好办法，就是把它创造出来。"

二、管理智慧

从"头脑一热"到"高烧不退"
——川渝考察学习有感

要成为教育家很难。从培训角度来说,教师们也经常去参加培训,只不过大部分人是"头脑一热",而教育家则是持续"高烧不退"。

其实,参加考察学习,看到别人的先进理念和经验时,大家都会头脑一热踌躇满志,想撸起袖子大显身手干一番,但随着时间的推移和困难的增大,加上自身的惰性和局限性,大多人虎头蛇尾,最终幻化于无形,不了了之。

重庆市十一中学的朱校长说:"教育要为人的发展和经济社会发展服务。"同理,我认为培训要为人的发展和学校发展服务。刘局长说"听过的记不住,做过的忘不了"。参加完本次培训,为防止自己头脑一热,我已经向领导班子和全体教师作了专题报告,有13项学习成果已经付诸实施。我摘要讲几点:

第一,成都华阳中学开发师生潜能,实现了弯道超车。三流的生源考出一流的成绩。我顿时眼前一亮。教学成绩,尤其

追寻：每一个生命的光亮

是中招成绩，是中学回避不了的问题。正如成都嘉祥中学的校长所说："名校者，非豪华建筑群和时髦装备，乃名师和质量也。"在我校初三复习备考的关键时刻，培优已进入死胡同，原十七中的170名平均分不足60的学生，很多老师都说，巧妇难为无米之炊。我说，我们要学习华阳经验，充分开发师生潜能，发挥教育对教学的促进作用，调动教师和学生的积极性和主动性："就算只有一粒米，我们也要把它炸成爆米花！"接下来，我校实施了一系列措施：校长入班讲话、设立校长奖学金、设校史馆、许诺将优秀毕业生名字刻在石头上、许诺让功勋教师暑期坐飞机外出培训、种纪念树并且以教师名字命名、校领导分包关注学生心理学习生活、校长请学生吃饭、每天和优秀学生共进午餐、优秀生和进步学生大幅照片上墙、设立中招龙虎榜、评选优秀家长、功勋教师、杰出学生、挑战竞争对手，等等。每天都创新不同的方式鼓励师生，"两眼一睁，开始竞争"。每名学生和老师都有积极的心理和精神状态，激情比智商重要，充分激发人脑潜能。最终使培优工作"山重水复疑无路，柳暗花明又一村"，短短两周半就已经有了较大的突破。

第二，成都华阳中学四步走的学校发展战略给我们提供了借鉴。前五年是其生存发展阶段；接着用了三年的时间实现了整体发展阶段；又用五年的时间深化发展，最后用四年完成了转型升级阶段：最终将华阳中学打造成成都一流学校。而一流，

二、管理智慧

并非仅是高招成绩优秀，而是育人和成绩并重。沙坪坝小学校长这样理解发达国家的教育：发达体现在三个方面——对弱者的付出、对细节的付出、对未来的付出。我想，发达学校和一流学校也应该注意这三个方面。

"人无远虑，必有近忧。"以此为蓝本，我们有必要为全体教师勾画一个蓝图和愿景。我们也规划了我们学校三步走的发展战略规划：用六至八年的时间将我校打造成南阳市一流中学。第一步，用一年的时间实现学校的生存发展。我想，我们已经实现了依靠家长的所见所闻、口耳相传的良好口碑，现在慕名来门口咨询报名的已经排起了长队。今年肯定会有更多的学生进不来。用老师们的话说："以前你对我爱答不理，现在我让你高攀不起。"第二步，用三年的时间实现学校的整体深化发展，彻底打好翻身仗。按照市区领导的指示，充分落实刘局长所提的大教育观和"素质好，不怕考"的观念，把教学成绩当作综合素质提升的副产品。六七次全区通评的大型考试成绩表明，我们都考得非常好，好到我自己都不敢想，我相信两年之后，中招成绩揭晓之时会是惊天的春雷！第三步，再用三年的时间实现学校的转型升级。有时候，把必须走的路走完了才能更好地走自己想走的路。要创建特色品牌名校，让我们的教育理念、师资队伍，教学设施、教学手段和方法以及育人方式达到一流水平，让育人成绩比教学成绩更让人称道。我希望从我校走出去的学生都有一种特殊的气质：阳光、自信、感恩、友

追寻：每一个生命的光亮

善、担当，特别有理想、特别有礼貌、特别守纪律、特别能吃苦、特别能创新、特别有作为。

第三，这些知名学校都有一个共同的特点：它们都很好地诠释了教育是干什么的、怎样做教育。从这些名校的成功经验中可以看出，用一个字概括教育的话，那就是一个"人"字。教育就是要研究人、培养人、发展人、顺应人的发展，不扼杀人的天性，解放师生，师生均能幸福地生活和成长。

谢家湾小学没有上下课铃。刘希娅校长说，上课时孩子可以自由地喝水，进出教室。

"2016教师节：为了你款款而来"的绝佳创意更是践行了这一点。

西南大学附中张万琼校长提出的素质和应试双优的缤纷教育理念。搞素质教育，豪迈地奔向未来；同时，做应试教育，始终脚踏实地。这充分印证了刘局长那句"素质好，不怕考"。这样做是站在家长和社会人的角度研究人、培养人、发展人。

唐大勤校长说："丈母娘的眼光可能就是素质教育的眼光。"生动形象贴切的一句话，把学生从"得分的机器"转向了"人"。

沙坪坝小学校长倡导的"多干一些让人感动的事"，也即引导人、引领人、发展人。华阳中学的"人本关爱、育人育心"更是将"人本教育"做到了极致。

重庆市十一中学人才培养的金字塔结构是：首先将所有的

二、管理智慧

人培养成适应人类社会发展的人（现代公民）；接着会出现促进人类社会发展所需要的人（社会精英）；最后会涌现引领人类社会发展所需要的人（国家栋梁）。

这是我见到过的最全面科学的人才培养目标，正充分体现了以人为本、实事求是的原则。因为人才培养也是有梯度的，不可能每个人都成为精英和栋梁，但最起码他得是一个合格的现代公民。

成都嘉祥中学倡导的"生为本、师为根"，引导教师帮助学生寻找创设适合自身全面发展的最佳状态空间，激发协助每位教师探索构建适合施展自身才华的最佳坚实平台。

可见，凡是将教育管理对象研究好、培养好、发展好的学校和个人都能取得较好的成就。

第四，我们如何将学习成果落地、做好"人"的工作？

首先，我们仔细研究了班子成员的特点，并对跨部门和领域作了分工调整。比如让一身艺术细胞的主管办公室的领导负责今天举行的校园文化艺术节。这是有史以来让我最省心的大型活动。我和领导班子一起对每名中层领导处室人员和每位老师特长和特点进行了深入研究，对一小部分已经作了调整：让酷爱书法的化学老师去教书法，让热心烹饪的图书管理员去厨房帮厨，让热爱地理的政治老师转行教地理。结果他们都干得非常好。有个老师开玩笑说："校长，我这辈子最大的遗憾是婚姻和爱情不一致，这你没办法解决，但你让我爱好和工作

追寻：每一个生命的光亮

一致，我很感谢你。"可见世上本无庸才，只有用错了地方的人才。

其次，我们认真研究了教师这个知识分子群体的特点：自尊心强，渴望受到尊重，好面子，对公平、公正和正义比较苛求。

刘希娅说过，带队伍最重要的是带出队伍的价值观和精气神，把"我"变成"我们"。

我们把思想引领做到了极致：回去后，我在班子会和全体会上深入传达并学习了这次培训的成果。开会时，手机都上交已成习惯，领导讲完提问也成惯例。

我们把对教师的尊重和爱护做到了极致：树立"管理即服务，同事即亲人"的理念，在校园里杜绝批评指责的存在。同事有事，中层以上领导全上。有一次，一个同事路上出了交通事故，我们一号召，结果去了两大车人，最后妥善地处理了交通事故。连加班吃饭也定了规矩：校领导不能坐上位，校长和副校长全部坐下边端茶、送水。八项规定不让公款吃喝，我们聚会，我就掏钱，真掏钱、真不要票不报销。我们的老师们真好，我第一次掏过钱后，第二次死活就不让我再出钱了。就这样，每次加班后的聚餐就成了 AA 制，我花了 700 多元钱便吃了十顿饭不止。我努力让校园成为一个充满人情味的地方，成为每一个人都想待的地方，成为一个温馨和谐的地方。如希娅校长所说，教育是两个世界的相遇，先打理好自己再走向孩子

二、管理智慧

们。学校不仅是工作、读书的地方,更是一群成年人和一群孩子生动生活的地方,那个地方要有温度、情趣和爱恋。

我们把对教师的示范引领做到了极致:领导班子成员都当班主任、都担课。早读、上课、备课、教研、考试、班会、家长会、读书、学习、值班,所有的事情都是我们先作示范。我们做不到的,不要求老师做到。我们欢迎任何教师同我们同课异构,我们欢迎任何教师在任何方面向我们发起挑战。领导班子干活最多,在校时间最长,拿绩效最少(上学期绩效工资,我们的绩效工资每人砍掉三分之一)。我对班子成员说,等学校办好了,房地产商会给咱们发奖金;我跟教师们说,等我们学校办好了,收门票参观的时候,门票收入都是你们的。结果他们还无怨言。

我们把对教师的精神激励做到了极致:通过思想引领、文化重建、每周共读一本书、读书交流反馈、不同形式的讨论会、道德讲堂、名师讲坛,我们让每个老师都意识到,十七中是最好的学校,我们学校一定会复兴。学校发展人人有责,每个老师都在为学校发展尽自己最大的努力。为尊严而战,为荣誉而干,为使命而干,为实现自身价值而干,最起码为领导信任和尊重而干。平常一天都是上班16个小时,每周日下午三点七科教师到校,无强迫,无补助,无怨无悔。我为有如此敬业的同仁骄傲,他们为有如此勤勉的校领导自豪。领导、老师彼此感动着,虽然我们没有办班、推销教辅的巨额收入,但

追寻：每一个生命的光亮

是我们每天都生活在感动和幸福当中，在精神上我们都是大富翁！

我们把对教师的公平、公正、公开做到了极致：所有的财务收支都在全体会上公布；所有的重大事项都通过中层以上班子会议讨论决定；所有教师们关心和敏感的问题，如晋职晋级、评优评先等，都成立群众评审团和监督团——一切都是教师自己说了算。以往爱告状的教师也找不到任何毛病，满足了他们对公平、公正、公开、正义的信仰。

受嘉翔中学启发，我们通过研究学生特点，根据初一、初二、初三学生年龄特点的不同，确定不同的教育主题和契合点。初一以习惯养成教育为主，初二以青春期防分化教育为主，初三重点是拼搏励志教育。根据男生、女生的性别特点，对女生进行自立、自强、自爱教育，对男生进行责任、奉献教育；根据春季秋季天气以及气候的特点，在春季我们针对早恋行为进行男女生正常交往教育，秋季重点进行学生心理问题干预教育。至此，我们已经初步形成了德育体系的雏形。

第五，学习细节落地：拿来主义。

1. 刘希娅校长的半天亲子假和孝心假，期中表彰就用了。

2. 西南大学附中包包子机器人、3D打印实验室、机器人实验室我们也可以引进。

3. 学习唐大勤校长说的：领导就是解决问题的，校长就是要解决别人看似无法解决的问题，任何时候都要满怀信心。善

二、管理智慧

于把不利条件向有利条件转化,任何时候都要少一些功利,最终领导感动教师,教师感动领导;多去发现教师身上的闪光点;最后,共同变得越来越好。

4. 大事慢慢来,小事马上做。坚持不埋怨、不报忧的处事原则。

5. 对重庆十一中学"十心"文化加以借鉴学习。

6. 如何将核心价值观落实到我们学生心中?重庆十一中学的做法堪称经典。我们先进行十一中学学生形象大讨论,通过辩论、演讲、合作、讨论,归纳和总结出了十一中学学生主题词:"阳光、友善、诚信、担当、笃学、创新。"然后,我们又海选班级形象大使和学校形象大使。现在双创工作正在进行,可以借鉴使用。

7. 仪容仪表版面、失物招领台、会议文化、如何整理档案、学科文化版面已开会安排布置。

8. 大阅读课程。阅读高度决定精神高度:一个人的精神发育史就是他的阅读史,一个民族的精神境界取决于这个民族的阅读水平。阅读能力是人才的核心竞争力。要确立学习理念,大目标、大范围、大时空,落实常态阅读课程、阅读活动课程、图书馆主题阅读课程。择其善者而从之,本周阅读课已经渗透。

坐而论道,不如起而行之。路虽远,行则将至。事虽难,做则必成。毋庸讳言,创新和发展是需要变革的勇气和坚持的

追寻：每一个生命的光亮

毅力的。正如沙坪坝小学校长所说，我们不是教育家，但我们有教育家的情怀，我们懂教育，爱教育，愿意为教育仰望星空、脚踏实地，去一步一步改变教育的现状，去一点一点艰难前行。总有一天，我们也会有教育家的思想和成就。

三、讲坛纵横

追寻：每一个生命的光亮

课程改革天地宽　管理创新换新颜
——一所薄弱学校的华丽转身

南阳市三中伏牛路校区的前身是南阳市第十七中学。种种原因，十七中成立十年来办学效益和群众口碑不高，每一年学区内的学生流失率都在百分之九十以上，学校濒临停办的边缘。

2017年6月，在市、区人大代表近两年的强烈呼吁下，在宛城区委、政府的大力支持下，宛城区教体局高瞻远瞩，积极推进义务教育的均衡化发展，将原十七中设置为南阳市三中伏牛路校区。从三中本部精选领导组建班子队伍，精选本部的骨干教师，分流部分原十七中教师，补充优秀农村回城教师，组建了新的教师团队。这些措施为学校的起步和腾飞提供了强劲的动力和技术支撑。

近一年来，在宛城区教体局教研室和三中本部的支持下，在我们全体师生激情四溢的奋力拼搏下，伏牛路校区发生了翻天覆地的变化。表现在以下几个方面：

1. 生源数量剧增：原来每届只有一百余人，现在每届学生近千人；原来全校只有600多学生，现在激增为2 200余人。

2.学习成绩快速提升:以七年级学生成绩为例,原来的数学、英语平均分不到40分,现在分别提升到95.1分和90.3分;在全区统考统评中,原来是五科倒数第一、两科倒数第三,现在是七科全部进入前五六名,其中四科位居全区第一名。

3.德行表现判若两人:原先,学生经常打架,逃课成风;现在,进出校门都排队,排队过程都在看书、学习。在校读书、练字、演讲、风采展示、做好事也成了一道风景。

4.教师干劲天壤之别:原来的班主任、中层岗位无人肯干,现在几年未教课的老同志都主动上一线,几乎所有的老师中午、晚上主动加班"拼了命地干"。

5.社会反应今非昔比:原先,周围居民说"打死也不上这所学校";现在,大量学生回流,非片区学生想进进不来了。用老师们的话就是:"以往你对我爱答不理,如今我让你高攀不起。"学校周边的房价,过去的十年基本没动,在近十个月时间内上涨了一倍。

只顾风雨兼程,来不及细细盘点。现在借此机会,把我们的做法给大家作简要汇报。

一、更新学校理念,重建学校文化,奠定课改基础

"穷则变,变则通,通则久。"首先是校长自我理念的更

追寻：每一个生命的光亮

新。一个校长做得最蠢的事就是把自己当成官。领导要做教师身后的大树而不做教师面前的大山。我们树立了"管理即服务，同事即亲人"的理念。不折腾老师、不折磨老师，不给老师增加额外的负担。不站在对立的角度去"管"，而是站在相同的角度去"理"。

在管理行为上，我们把对教师的尊重和爱护做到了极致。想老师所想，急老师所急，帮许多教师克服了自身困难，化解了后顾之忧。孩子想上小学、幼儿园，学校帮你办；教师的老父亲打官司，领导帮你找律师；教师母亲生病，领导四处寻医问药，甚至送药上门；教师上早读没吃饭，领导买好送到班门口；教师过生日，学校送上生日蛋糕；教师路上出交通事故遇人讹诈，我们去帮忙主持正义；逢年过节，我们全体领导班子到功勋教师父母家中慰问和感谢；甚至连加班吃饭都定了规矩：校领导不能坐上座位置……很多时候，我们的教师遇到困难，第一个想到的不是朋友和家人，而是学校。推行吃得好、身体好、学得好、福利好、心情好五大举措，着力打造教师幸福学校。我们努力让校园成为一个充满人情味的地方，成为每一个人都想待的地方，成为一个温馨和谐的地方。正如重庆谢家湾小学刘希娅校长所说，教育是两个世界的相遇，先打理好自己再走向孩子们。学校不仅是师生工作、读书的地方，更是一群成年人和一群孩子生动生活的地方，这个地方要有温度、情趣和爱。

三、讲坛纵横

在管理行为上,我们把对教师的陪伴、影响做到了极致。我认为管理就是陪伴。陪伴不是陪着,而是全方位地深入教育教学的各个环节,深入最苦最累的每一个地方。不教课不知道教课有多难,不当班主任不知道当班主任有多苦,不值班不知道值班有多累,不改作业不知道改作业有多烦。想让老师如何做,就先做出个样子让老师们看看。我们领导班子五个成员都担课,有三个还担任班主任。早读、上课、备课、教研、考试、班会、家长会、读书、学习、值班,所有的事情都是我们先作示范。我们做不到的,不要求老师做到。领导班子干活最多,在校时间最长,拿绩效最少。从暑假带领中层一起打扫卫生、清理数年未清理的花坛绿篱,到开学前和同事们一起搬800套桌凳;从每天和值班的老师一起六点半前到校、晚上十点半后离校,到一起监考,评卷;从中秋国庆一起值班,到周末暑假一起加班;从深入班级给学生做思想工作,到从未缺席一次听课教研活动……通过陪伴,树立了标杆和榜样;通过陪伴,理解了老师的不易;通过陪伴,掌握了第一手资料,为决策提供了充分的依据;通过陪伴,带动了学校整个风气的好转。

带队伍最重要的是带出队伍的价值观和精气神,把"我"变成"我们",把既定的思想变成整个学校的共识和价值观。通过全体会、党员会、中层会、教研会、国旗下讲话、每周共读一本书、读书交流反馈、不同形式的讨论会、道德讲堂、名师讲坛等以及谈心、座谈、交流等各种形式、各种途径,校长的思想和信念已深深地印在了绝大部分教师和学生的脑海中，成为学校共同的目标和愿景、精神和灵魂、文化和内涵。有一位老师夜里给我发短信说：我女儿写的她的人生信条居然是您常说的那句充满正能量的话。通过影响老师，老师又影响到了他的孩子。

现在每个老师都认为：我校是最好的学校，学校一定会复兴。每个老师都在为学校发展尽自己最大的努力，为尊严而战，为荣誉而干，为使命而干，为实现自身价值而干。平常一天都是上班十多个小时。每周日下午三点七科教师到校，无强迫，无补助，老师们无怨无悔。我为有如此敬业的团队而骄傲，他们为有如此勤勉的校领导而自豪。领导、老师彼此感动着，我们在辛勤中，收获进步；在成长中，感受人生的价值和精神的富足。

二、狠抓课堂改革，落实"五种意识"，助力质量提升

课堂是教育教学的主阵地，也是课改的主阵地。为了杜绝"满堂灌""填鸭式"教学，为了杜绝李镇西老师所说的"一群愚蠢的人在兢兢业业"，我们从一开始，就抓牢课改重头戏——课堂。

在宛城区"六元素三环节生本教学模式"基础上，我们

三、讲坛纵横

提出了课堂教学"五种意识",即关注意识、落实意识、激励意识、目标意识、思考意识。认准的事情我们就下决心把它做好、坚持到底、做到极致。一是,调动所有的管理力量坚持对课堂的督导、研究、整改、提升。不仅校长听课,副校长、年级主任、教研组长、教导处领导、包学科领导都去听课。通过"听课—评课—再听课"这一步骤对每位教师都进行了至少五个轮次的听课整改,极大地提升了全体教师的课堂授课水平和课改意识。二是,加强课堂教学研究。领导班子进行了责任划分和绑定分包教研组学科组,负责具体教师的培训成长进步。每周领导班子会要汇报所负责教师的课堂和教研情况,进行排名和总结。三是,完善听评课制度和听评课具体方法。听课要听五种意识,创新"正反合"评课模式,让听课评课成为常态。每周每学科都有公开课和推门课。让听课学习成为教师的内在需要。四是,通过多种形式,诸如外出研修、校本培训、专家讲座、教师读书自修、蓝青工程师徒结对等,促使教师快速成长。五是,进行全校范围的课例研究课和校级公开课的提升。不到一年的时间,就有江茜茜、姚志鸿等17名老师在教育部或省市区举办的优质课大赛上获奖。

经过打造以"五种意识"为指导的"生本高效课堂"和充分发挥教育对教学的促进作用,深度挖掘师生潜能,我校的教育教学成绩有了奇迹般的提升。一学期平均分四十九分提升的速度让所有人欢呼雀跃。原来,五科处于全区倒数第一;现在,四科全区正数第一，八九年级的各项数据同比有了三至五倍的提升，七年级同比有了五十倍的提升。

三、深化课程改革，开发校本课程，打造特色教育

在当今教育现状下，没有成绩不能生存。但我们认为，只有成绩则不能发展。教学成绩只是学生综合素质提升的副产品。按照国家核心素养的目标，根据我校的实际情况，八九年级很多平均分只有三四十分的学生怎么办？他们上课不听讲，纪律涣散、骂人打架逃课成风。这些孩子虽然不占多数，但对家庭来说都是唯一。按照我校育人目标"培养未来社会优秀公民"和做有温度、有良心教育的初心，我们着力开发校本德育励志课程和校本阅读、书法、演讲等课程。阅读、演讲、书法这些特色校本课程让每一个孩子大方、大声、大气、大雅、大智；让每一个孩子都站起来能说、坐下来能写、闭上眼睛会思考；让校园里充满歌声、笑声、读书声和生命拔节生长开花的声音。德育励志课程唤醒学生对生命的自觉，实现了教育的最高境界——自觉、自主；实现了我校育人目标——培养身心健康的人、有道德的人、讲文明的人、有修养的人、有能力服务社会的人、有远大理想的人。这些校本课程的开发既是我校办学理念和办学目标的具体体现，又彰显了我校的办学特色，提

三、讲坛纵横

升了学校的内涵。

具体做法是：

第一，我们在顶层设计上真正地实现了阅读、书法、演讲进课堂，每周各一节。我们外聘书法教师到校上课，邀请演讲专家到校指导。为了便于统一检查，我们把每周一下午的三四节，专门定为读书交流反馈课和演讲课以及书法展评时间，由领导班子检查评比反馈。

第二，调动骨干教师参与研发校本课程。由德育处牵头负责德育课程和演讲课程的研发，由教务处牵头负责书法和阅读课程的研发。初中校本课程没有可借鉴性，因此我们摸着石头过河，不断探索学习。教师们上网查阅大量资料，熬夜加班；每周教研活动共同研究，统一进度，统一教学设计，统一课件；包学科领导亲自参与审核把关，保证了校本课程开发的质量。

第三，以活动为载体，推动课程的实施与升华。在课程实施的过程中，不断设计具体活动激发学生的参与兴趣，推动课程的实施，逐步丰富了课程的内涵。通过课前三分钟演讲、每日书法和演讲比赛、"阅读之星"和"小小书法家"评选、艺术节和体育节才艺展示、经典诵读等活动，弘扬学生的个性，彰显校本课程的活力，展示校本课程的成果，实现我校的育人目标。

第四，树立大课程观意识，强调一事一物皆教育，时时处

追寻：每一个生命的光亮

处有课程。"生活即教育。"我们把生活的内容当成教育的内容，生活的世界就是教育的世界，生活的范围就是课程的范围。以前教材是我们的世界，现在世界是我们的课程。餐厅、宿舍，路上、课间，课内、课外，事事、时时、处处当作教育，均纳入课程的范围。提供适合学生发展的课程就是提供适合学生发展的教育，我们正行走在探索研发完整的课程体系的路上。

各位领导，在大家的关注、帮助和支持下，我们艰难地进行了转身。虽然转身时还有些趔趄，虽然涅槃时伴随着阵痛，但我们有教育情怀，愿意为教育仰望星空，脚踏实地，去一步一步改变教育的现状，去一点一点艰难前行。我相信天道酬勤以及信仰的力量。我相信，我们只负责精彩，上天自有安排！

（2018年，在市教育局中片区课改会上发言）

三、讲坛纵横

在2016年度"感动校园十大人物"颁奖典礼上的讲话

尊敬的各位领导、老师、同学们:

大家下午好!

天不言而四时行。在王赟校长"做有思想的教师,做有志向追求的学生"目标的指引下,我们携手相伴,又走过了一轮春夏秋冬。在过去的一年里,我们每天都会被一些人、一些事感动着。在三中校园里,总有一群背影,在我们心中定格;总有一个瞬间,浸没胸膛,感动校园,感动你我。

为了让这份感动永远持续,为了带着这份敬意砥砺前行,我们举办了此次"感动校园十大人物"评选活动,致力于从平凡人、平凡事中发现感人至深的精神境界,挖掘催人奋进的精神力量。其实,在座的每一位身上都有这样或那样的特质让我们感动。有舍小家为大家,把学校、学生放在第一位,带病坚持工作,甚至假期提前上班的;有敬业乐业,把平凡的工作当成自己的事业和人生价值体现的;有锐意创新,业绩突出,引领风尚的;有团结协作,不计名利,为团队做出突出贡献的;

追寻：每一个生命的光亮

有温柔和蔼，用爱心和耐心关爱学生，创造教育奇迹的；有一如既往，用道德和人性的光辉感染影响身边人的……每一位拼搏奉献、心系学校、心系学生的三中人都值得我们尊重和敬仰。他们把德、能、勤、绩、爱在日常工作和生活中展现得淋漓尽致。他们虽然平凡，却有着震撼人心的力量；虽然朴实，却最贴切地诠释了和诠释着职业的操守。他们正在成为推动我校蓬勃发展的一股强劲动力！

今天受表彰的教师和学生只是他们当中的代表，实际上我们还有更多的教师在辛勤地耕耘、无私地奉献着，虽然他们今天没有登上领奖台，但都为学校的发展做出了很大的贡献；在我们的学生中还有很多品学兼优、文明守纪、崇德向善的优秀学生，他们这次虽然没有获奖，但仍然是我们三中的骄傲！

向优秀学习，为自己蓄力。我们要学习他们"用心、用情、用爱"工作的精神；学习他们"自强不息、择善从之"的品德；学习他们"敢为人先、永争第一"的气概；学习他们"堂堂正正做人、踏踏实实做事"的信条。在充满希望和挑战的 2017 年，我相信会有更多典型人物、感人事迹感染师生，教育师生，鼓舞师生。感动不仅在今天，感动还会伴随三中的明天！感动之后，还有祝福。祝福他们，祝福我们，祝福三中！祝我们的明天更美好！愿三中的未来更辉煌！

（2016 年 12 月，首届"感动校园十大人物"颁奖典礼讲话）

三、讲坛纵横

亲其师，信其道

首先，我感到非常惶恐、惭愧和不安。我觉得我工作中失败的地方太多，还是一个需要不断向诸位学习的学生。言语不当之处，还望各位海涵。

其次，我感到非常幸运，在王校长、李书记、王主任苦口婆心的言传和黄老师、向老师、段老师、张瑜老师等人手把手的身教中，我才没有把工作都做得很糟糕。我就像一叶扁舟行驶在三中这条宽阔的大河中，多亏诸位用期待围成河岸，用关心和帮助编织成航线，才使我得以成长前进。下面我就把我成长过程中的浪花采撷一些，分享并请大家批评指正。

领导和前辈们经常说："亲其师，信其道。"我觉得初中这个阶段学生个人好恶主观性非常强，他们不喜欢哪个老师，就会继而不喜欢这个老师教的课，反之，喜欢哪个老师就会自觉、主动地听这个老师的课和所说的话。所以，我首先努力使学生喜欢我，同时喜欢我教的课和我们的班级。

我觉得课下是一个与学生交流的重要环节。不管是在大街上还是在校园里，见到学生时我会尽量做到先微笑并先打招

追寻：每一个生命的光亮

呼，哪怕此刻有再大的悲伤。我努力放下老师的架子，把学生看成弟弟妹妹，消除老师与学生之间天然的隔膜与鸿沟，真正做到与学生零距离交流。为此，我经常留意他们喜欢的东西和经常谈论的内容，悄悄去音像店买学生喜欢的磁带、去书店里阅读他们时下常翻的书，甚至去研究他们喜欢的儿童游戏。这样与学生课下交流，使他们丝毫感觉不到师生差距，甚至在许多方面，当我谈论起他们的热门话题时，学生也自愧不如。这样做，使他们从心底真正把我当成自己人，而许多烦恼、困惑、疑问自然就会对我无所保留。

在课堂上，我充分发掘自身各项潜能，可以说使出了"十八般"武艺。我努力创设"Happy Class"（快乐课堂）氛围。首先，依据学生喜爱的节目"幸运52"，利用学生的上进心，我把一些课堂设计成挑战过关形式：第一关"朝花夕拾"，第二关"学无止境"，第三关"谁是英雄"，第四关"耳听八方"，第五关"影视新星"，第六关"立竿见影"，第七关"歌声嘹亮"，第八关"激扬文字"，等等。教学手段上加入了歌唱、表演、讲笑话、猜谜、做游戏、说快板等艺术表现形式。当学生们哼唱《老鼠爱大米》时，我就把一些易混易错点编成顺口溜，用《老鼠爱大米》的曲谱唱出来，不到三分钟，学生歌唱会了，知识也都记住了。只要是学生喜欢的歌曲，如《神话》《嘻唰唰》《两只老虎》等，都能在课堂上被我改换歌词哼唱，用以趣味记忆。有些重难点不适合歌唱的，我尽量把它们

三、讲坛纵横

用表演小品、做游戏、说快板等形式教给学生，以加深印象。

在内容上，凡是日常生活中与学习沾边的笑话、谜语、故事、小品、相声、经典电影台词、脍炙人口的广告词等，我都想办法让它们恰当地出现在课堂上，成为学生学习知识的载体。例如，讲到单词"bird"（鸟）时，我引用广告词"波导手机——手机中的战斗机"，使学生在恍然大悟的同时，很快记住了"bird"，还有纳爱斯、雅戈尔、汰渍、乐凯等，这些耳熟能详的广告词一出，学生立马印象深刻。

让每个课堂都充满歌声、笑声、欢呼声；让每个学生都能开心愉快地学到知识；让教室的每一个角落都被快乐充满；让老师的热情奔放和知识的魅力俘获每一个学生；让知识与欢乐在水乳交融式和谐共振时，产生最强的音符，是我一直追求的目标。当然了，这个目标，现在还远未实现。但令人欣慰的是，一年后，看得出来班里大部分同学喜欢我，也喜欢英语学科。因此，我布置的任务、提出的要求，他们都会不论难易大小认真落实，各项活动都能如火如荼地开展下去。

这就是我对"亲其师，信其道"这句话的一点儿不成熟的认识，再次恳请各位老师批评指正。

（2012年，班主任经验交流会上发言）

追寻：每一个生命的光亮

教育梦想的守望者

我在南阳市三中任教。很自然，现在的学生与我学生时代是不同的。看到周围太多的孩子被繁重的课业负担累得扭曲了天性，了解到太多孩子被"一切向分数看齐"的指挥棒扼杀了的天性的事实，感受到太多本应成才的孩子流落到社会成了不学无术的"小混混"的惨痛现状，我会想到马丁·路德·金那篇名为《我有一个梦想》的著名演讲词。在教育上，我也有一个梦想："我梦想每个孩子都能有幸福快乐的学生时代；我梦想做有温度的教育，做有记忆的教育，做有良心的教育，做有质量的教育；我梦想我们的教育真正能够为了孩子的终生奠基。"

为了教育的梦想，我不敢有丝毫懈怠：每天早上六点半前到校，晚上十点半左右才离校，风雨无阻；每天将所有班级转够八遍；学生各科考试试卷每次都翻看五百份以上；到各班去作动员讲话，亲自给情绪不稳定的学生作心理辅导达三百人次以上；每次大型考试后，都给学生开总结会，给家长开分析会，听课记录一年用完了四本；办公室常备有巧克力，有时顾不上

三、讲坛纵横

吃饭就嚼几颗，多少次中午趴在桌子上就睡着了……

为了教育的梦想，我坚持全面对待每一个孩子。在升学率至上的现在，这难能而可贵。首先，评价标准要多样化。不以分数为唯一的标准来评价学生。每次期中期末考试结束后，我都会开好总结表彰会，除了成绩优秀奖外，还有进步奖、拼搏奖、品德奖、纪律奖、卫生奖等。几乎每个学生一年内都能在某一方面获奖。记得有一次在全体学生表彰会上，我表扬了一个叫陈卓的孩子，这个孩子虽然分数排名在班里倒数，但他承包了班里的卫生区，能够两年如一日地把卫生区打扫得一尘不染。其次，我会举办多种活动活跃校园生活，为孩子们的个性发展提供展示平台，如运动会、班会、迎新晚会、报告会等，即使在带毕业班期间也不曾间断。大多数孩子能在丰富多彩的活动中展示自我。

为了教育的梦想，我充分尊重每一个孩子。在校园里，孩子向我打招呼，我都会郑重地向他们还礼；大雪纷飞，门口结冰时，我带领老师们站在门口搀扶每一个孩子；一个孩子中午违规留在教室，得知他是没钱吃饭时，我鼻子一酸，领他去吃了一顿大餐；有一个号称"十三太保之首"的孩子一周打了三次架，我一次又一次地跟他谈心，终于让他敌对的目光变得柔和，让他打开了话匣，当我看到他嘴唇干裂，起身为他倒水时，我看到了他眼中的最后一点坚冰融化了，他端着茶杯说："张校长，我以后可以到你办公室倒水吗？"我说："当然可

追寻：每一个生命的光亮

以。"自此以后，他不再打架了，而且能在别的孩子打架前通风报信给我，为此让我制止了好几起校园打架事件。他的成绩也在飞速进步。

他考上理想的高中后，有一天说想回校看看，再去办公室倒杯水。由于我在外地，他未能如愿。后来，他又发了一条短信给我："我不是口渴才去您办公室倒水的，只是很受用您对我的尊重。一句话，一辈子，一生情，一杯水。"

我感觉我的每一分努力都让我离梦想近了一步！

（2014年5月，接受《南阳晚报》采访）

三、讲坛纵横

我有一个梦想

尊敬的各位老师，亲爱的同学们：

大家早上好！

我今天讲话的题目是《我有一个梦想》。

此时此刻，在北京人民大会堂，党的十九大正在绘就国家发展蓝图。我们比历史上任何一个时期都要更接近中华民族伟大复兴的国家梦想。

而我，也有一个梦想。我梦想着，有一天我们学校成为南阳市教育界的名片和旗帜；我梦想着，我们的学校成为一所真正意义上的全省乃至全国名校；我梦想着，我们学校成为无数学子无限向往和梦寐以求的学习殿堂！

我梦想着，我校的老师能受到全社会的尊重和景仰！

我梦想着，我校所有老师都能幸福地安心从教！

我梦想着，我们的老师在专业发展的路上能走得更远！越来越多的老师跻身于全国全省名师之林！

我梦想着，从我校走出的学生都能成为社会的领军人物！所有的学生都有礼貌，有激情，有自信，有志向！

追寻：每一个生命的光亮

我梦想着，我们的学生都能一生与书籍为友，与善良作伴，都能写得一手好字，都有演讲口才！

我梦想着，所有的学生都能像929班那样，无论何时何地都能自觉主动学习！

我梦想着，所有的学生，早读都能像726、727班那样专心专注，精神面貌良好！

我梦想着，所有的学生都能保持良好的卫生习惯，像住宿生一样不乱丢纸屑，而且能随手捡拾废弃物，像在家里一样！

我梦想着，你们对待所有的老师都能像对待校长一样，遇到了就鞠躬、行礼、问好！

我梦想着，我们的大课间能像"天下第一操"一样，整齐划一，口号声响彻云霄！

我梦想着，我们的课堂效率高，容量大，你们都能紧跟老师步伐，得课堂者得天下！

我梦想着，你们能用每一分钟、每一节课、周考、月考等来证明你们的实力和担当！

我梦想着，我们用每一步的踏实和拼搏铸就教育的奇迹和辉煌！

我梦想着，我们不仅将来是中招成绩胜利，更有真心实意的教育的红利和回响！

我梦想着，当胜利的消息传来，我们所有人都围坐在操场，大醉一场，一杯敬明天，一杯敬过往！

三、讲坛纵横

老师们,同学们!每一天清晨叫醒我们的不是闹钟,而是梦想。在追逐梦想的路上,一万年太久,只争朝夕!

我们从今天开始出发,仰望星空,脚踏实地,用心血和汗水去浇灌成功的花蕾!多年后的你,一定会感谢现在拼命努力的自己!

(2017年10月升旗仪式讲话)

追寻：每一个生命的光亮

在南阳市三中伏牛路校区揭牌仪式上的发言

尊敬的各位领导、各位嘉宾、老师们、同学们：

大家上午好！

在这瓜果飘香的美好时节，我们满怀激动的心情，举行隆重的揭牌仪式。首先，请允许我代表市三中伏牛路校区的全体师生向各位领导和来宾表示热烈的欢迎！借此机会向多年来支持我校发展的各级领导、社会各界表示衷心的感谢！

今天是我校发展史上一个重要的里程碑，也标志着我校进入了一个新的发展阶段。

从十七中到三中伏牛路校区，已整整十年。十年间，学校面积扩大了几倍；十年间，多少风华正茂的青年教师苍老了容颜；十年间，三中人和这所学校结下了许多不解之缘；十年间，白河南岸的多少父老对优质初中教育望眼欲穿……

忆往昔峥嵘岁月，感今朝重任在肩。

几天来，也曾踌躇满志，也曾上下求索，彻夜无眠。

作为在三中工作十五个春秋的老三中人，作为到任伏牛路

三、讲坛纵横

校区十天的校长，我在此郑重承诺：

一、无论什么时候，都满怀教育的情怀与梦想。

有了梦想，才不迷茫；有了情怀，才会坚强。梦想是做教育的前提，情怀是应对一切艰难险阻的法宝和利器。我们将秉承南阳市三中"志当存高远，敢为天下先"的校训，高标准，严要求，"从人生的角度做教育，从教育的角度做教学"，用影响、激励、鼓舞和唤醒去解决一切孩子的问题。做有温度、有记忆、有厚度、有良心的教育，培养德才兼备、适应未来社会的优秀公民和领军人物。

二、永远身先士卒，真抓实干，不辱使命。

不断深化提升自我，以勤补拙，以学深智，以和增力，以廉生威。身先以率人，律己以服人，量宽以得人，轻财以聚人。团结一切可以团结的力量，调动一切积极因素。同心同德，传承三中管理即服务理念，一切以教育为中心，以提升生命成长为己任。继承和发扬三中优秀的管理经验和精神财富，用优秀的文化感染人，用高尚的追求激励人，用无形的榜样带动人，用求真的毅力鼓舞人，不断提升教育教学质量，一年一大步，三年上台阶，深化管理，提升内涵，争创一流名校。

三、永远关注过程，注重细节。

老子说过："天下难事，必作于易；天下大事，必作于细。"立大志做小事，把过程管理和细节做到极致。学校无小事，事事皆教育。大处着眼，小处着手，精耕细作，向精致化管理

追寻：每一个生命的光亮

要质量，用细节来体现品位，体现水平，展示形象。备、讲、辅、批、考、评、补，课堂、课间、课外，校园、教室、宿舍楼，教师、学生、家长、社会，每个过程、每个细节都做得最好，结果自然水到渠成。有志者事竟成，空谈误教，实干兴校。

各位老师，同学们，有区委、政府的大力支持，教体局的正确领导，社会各界的鼎力支持，我们没有理由不脚踏实地、勤勉工作、开拓创新、拼搏进取。

为把三中伏牛路校区打造成一所学生发展、教师幸福、社会满意的品牌学校，我们誓将不遗余力，始终不渝！

三中的明天更美好，宛城教育的明天更灿烂！

谢谢大家！

（2017年7月于南阳市三中伏牛路校区）

三、讲坛纵横

在2017年秋期七年级新生第一次会议上的讲话

尊敬的各位老师、亲爱的同学们:

大家下午好!

首先祝贺你们跨进了三中的大门。我校虽然占地面积不大,但我校的历史可与中国近代最早的学校——北京大学比肩。112年前中国四大名观之一——南阳玄庙观住持姚蔼云用庙产创办元宗学堂,这也是南阳市三中的前身。100年前,教育家张中孚先生将元宗学堂升格为南都小学,戊戌变法的发起者、近代名人康有为先生为我校题写校名。

1928年,原中顾委委员袁保华在我校度过了愉快的学校时光。中华人民共和国成立后,包括将军、院士、企业家在内的数十万各界精英从我校走出,成为社会栋梁。近年来,包括中、高招状元在内的三十余名北大学生在我校接受过厚重的三中历史文化熏陶和濡染。

我校教学楼虽不豪华,我们老师的教学水平和奉献精神却是南阳市最好的(没有之一)。三年来,我校教学质量节节攀

追寻：每一个生命的光亮

升。尤其是今年中招，全市文化课前十名，我校独占三名，这是多年来任何一所学校所罕见的。各分数段均居全市前茅！在座的各位可以说是幸运的，因为今年我们的老师都是三中选派来自全区乃至全市最优秀的！在今天这个特殊的日子里，让我们为我们光荣的母校、为我们优秀的老师鼓掌！

同学们，新学期不是简单继续，而是一种转折和爬坡。生活常识告诉我们：当疾驶的汽车在转弯或上坡时，缺少准备的乘客很容易因为站不稳而摔倒。同样，在初中新生活开始的时候，如果我们缺乏准备而不能及时调整的话，就会出现不适应现象。为此，今天我给大家提几点建议和希望。

一、重新定位，确定目标

也许你踌躇满志地来到新学校，希望能延续以前的荣耀，但新集体里来自四面八方的人才济济，以前出色的你可能不再拔尖；还有可能新老师对你不再恩宠有加，但你千万要记住，决不能就此心灰意冷，一蹶不振。我们要用不懈的努力来证明自己。

也许你小学时在别的学校表现一般，入学成绩比别人低，但不能就此断定自己不行而自暴自弃。过去证明不了现在和将来，新的竞争刚刚开始，我们站在同一条起跑线上。从今天起，就要为未来的初中生活规划一个明确而具体的奋斗目标。

三、讲坛纵横

在学习上，做人、品德、修养、习惯等方面要达到什么样的层次？要考上哪一所高中？大家从现在起必须认真去考虑，去制定目标。把目标具体分解、细化到每一年，每一学期，每一月，每一天，每一节课，甚至每一个小时都要有具体的任务和目标。谁的目标越具体，谁能尽早为目标而开始不懈努力，谁将来就有可能赢在终点线上，最终实现自己的人生梦想。

二、争取主动，重视课堂

对学生来说，小学主要是语文和数学两门课，而七年级一下子就增加到了七科，到八九年级，还会增加物理化学。随着学习内容的增多，难度加大，进度不断加快，猛增的学习量可能会让人应接不暇，无从下手。以往的学习方法和方式显然无法一下子适应初中的学习要求。大家要怎么做呢？

第一，要变被动学习为主动学习。有的家长和老师常常逼着孩子学，学不会了，再花费大量的时间反复地练习。而高效课堂改变了那种事无巨细的教学方式，老师往往集中讲重点难点，紧张的课程进度不允许老师们反复给学生"烫剩饭"。所以，学习不主动，被老师家长逼着学习的总有一天会落队。

第二，要学会专心听讲。经过观察，我发现有超过70%的学生都不会听讲。具体表现是上课做小动作、说小话、东张西望、不做笔记，和老师往往不在一个频道上，老师讲完后很多学生连选择题答案都没改过来；还有学生老师讲到第七面，直到下课他的书还只翻到第五面；甚至有很多学生在老师说一句话后让他重复一遍他都复述不来。要想成绩好，课堂是关键。首先，要保证课堂纪律，最低的要求是上课不乱说话，但是很多同学连这一步都做不到。其次，要跟上老师的节奏，及时关注老师在说什么、写什么、要求什么，主动积极配合老师。

第三，要做好课堂笔记。讲评课要及时纠错并用红笔把错题的答错原因写在试卷上。

第四，要学会及时预习和复习。预习可以提高学生的听课效率，培养自觉能力，复习可以查漏补缺，及时将遗忘的知识补回来。还可以举一反三，将知识转化为能力。

三、约束自我，培养习惯

你们知道我为什么看起来比同龄人年轻吗？因为我有三个好习惯：一有礼貌的习惯；二有演讲的习惯；三有阅读的习惯。那么，对中学生来说，我也希望大家培养五个好习惯，从而快乐学习和健康成长。

第一，要养成阅读的习惯。

现代研究表明，阅读不仅可以开阔视野、增长知识，还可以开发智力，甚至有人说，现在考文科归根结底考的是学生的读写能力。但是，我说的阅读并不是看漫画、看玄幻小说、看

三、讲坛纵横

武侠小说等书籍。首先要选适合自己读的书,其次要做好读书笔记,将好的描写句子摘抄下来,甚至将有些章节熟读成诵。

第二,要养成认真书写的习惯。

"字如其人"想必大家都听说过,越是在大家都不写字、都用电脑打字的年代,字迹就越显得重要。字不仅是人的脸面,一笔好字能让你在社交中的个人形象增色不少,在现在的中招高招考试中更起着举足轻重的作用。尤其是现在的无纸化电脑阅卷,一人一天改七八千份,字迹不工整,不规范,不清晰,答题没顺序,没条理,扫描到电脑上更是不堪入目。相同的答题内容,一个字迹好的学生抄到试卷上和一个字迹差的学生抄到试卷上,经同一位阅卷老师批改,语文、政治、历史三科差别可能在30分以上!加上数学、物理、英语,差别可能达50分!翻阅近年的中招试卷,有相当一部分与一中、五中失之交臂的同学,都是因为书写、卷面等非智力因素抱憾收场的。2010年,李煜华夏就是因为写得一手好字而被清华大学降60分录取,今年,我们可以立一个小目标:人人写出一笔好字,最低也要做到字迹工整、卷面干净。

第三,要养成诚实的习惯。

今天说的诚实不是指你因不想上学而向老师撒谎,说你表哥结婚或是你肚子不舒服那么简单,而是强调你在学习中的行为品质。很多同学平时做作业、测验全对,老师评讲时一个字都不往上写;上课支着头仰着脸,问听懂了没有,答曰"听懂了"。结果同样的试题，再考试一次却只能得七八十分。我有一个亲戚家的小孩，平时问他作业会做不会，他说，"都会"，考试成绩一出来，语文8分，数学6分。很多同学上课听讲时，似懂非懂，课下看着课本写作业，还抄答案，测验时作弊，搞"虚假繁荣"，结果一到大考，抄不成了，就傻眼了。如果你想提高成绩的话，那么从现在开始，首先，要养成先复习再做作业的习惯，做作业不看课本答案。做作业时先把课本资料合上，看自己到底掌握了多少知识，做完之后再打开课本核对答案，用红笔把不会的、做错的做好标记和注释。其次，要建立各科错题集，专门收集各种错题。查漏补缺，便于复习。再次，测验、考试的时候更要诚实，不作弊。通过考试，充分暴露自己的短板，及时查找自己的不足，只有诚诚实实，才能取得真正的进步。

第四，要养成珍惜时间、限时训练的习惯。

我想强调的是，要训练自己在单位时间内完成某些任务的能力。一张满分为100分的试卷，如果考试时间为三天，那么很多考90分的孩子都有可能得100分。但现在的考试就是考查学生在单位时间内完成试题的精准度。有学生经常会说，这道题本来会做，但考试时一紧张做错了。如果此时你原谅自己就大错特错了。这也会比你不会更可怕。因为这个结果反映出你平时做作业的习惯不好。本来10分钟能完成的作业，你一会儿唱听歌，一会儿看电视，一会儿又吃会儿饼干，喝杯茶，

三、讲坛纵横

再上个厕所……结果半小时过去了,你还没做完作业。所以一到考试,限定了时间就傻眼了。要想"考试像平时一样轻松",就必须"平时像考试一样紧张"。平时做作业就限定好时间,不拖拉,不磨蹭,不散漫,不分心。做完作业后哪怕再去玩、去休息,也是身心俱放松的。

第五,要养成不懂就问的习惯。

真正的好学生是问问题出来的。由于同学们的观念、接受能力、思维角度的不同,不可避免地存在我们可能对某个知识点听不懂的现象。这时候,我们可能会有以下选择。一是,不懂装懂,牵强附会,死记硬背下答案。结果过段时间,重做原题,还是做错。二是,去询问同学。但由于同学们的知识水平和深度广度有限,我们可能听得囫囵吞枣、似懂非懂,结果换个题型还是会出错。三是,去问老师。穷根究底,彻底听懂,触类旁通。2008级的我的一个学生,叫郭昊翔,高二就考取了中国人民大学少年班,成绩名列全国第一。他不是很聪明,但很勤奋,最大的特点就是爱问问题,几乎每节课都追着老师问他不明白的问题,有时甚至因为一个问题追到办公室和老师争得面红耳赤。近几年,我校考入清华、北大等名牌大学的学生陈操、李煜华夏、马鹏宇、任帅等都是"打破砂锅问到底"、真实坦荡做学问的典范。

同学们,希望你们在未来的三年中变得成熟,变得丰富,变得善良,变得正直,成为有理想、有品德、会学习、懂生活、能做事的人。刚才我们为我们光荣的母校和尊敬的老师鼓掌，我深深地期待着一年以后，两年以后，三年以后，六年以后，二十年以后……我们的母校、我们的老师为你们感到光荣、鼓掌喝彩！

（2017年9月于南阳市三中）

三、讲坛纵横

告别金色少年，走进精彩青春
——在14岁集体生日上的讲话

尊敬的各位领导、亲爱的同学们：

大家早上好！

首先我代表学校领导和全体教师，在同学们14岁集体生日之际，向你们表示衷心的祝贺！

是谁把青春的激情点燃？是谁的誓言声震河山？

是14岁的你们！

此时此刻，我的心底涌起一种深深的感动。14岁，正进入青春飞扬、意气风发的年纪。总有一种情怀在胸中弥漫，总有一种信念在心中升腾，总有一种感动让人泪流满面！

从今天起，你们踏上了崭新的人生路，开启了精美的青春画卷。在这人生的节点上，我想送给大家几个词语：

一是感恩。有人说，如果用一个词来概括幸福的秘诀，那就是感恩。因为一个人长大与否的标志之一，就是是否具有感恩之心、回馈之意。一个人是否幸福，并不在于他财富的多少、地位的高低，而在于他用什么样的心态来看待自己和周围

追寻：每一个生命的光亮

的世界。常怀怨恨的人，即使高官显财，也如芒在背，活得毫无生趣。感恩父母、感恩老师、感恩同学、感恩自然、感恩你所拥有的一切。你会发现，青春虽然没有三生三世，但一定会迎来十里桃花！

二是责任。步入青春期，你的人生翻开新的一页，同时，你的肩上也多了一份责任，一份对家人、对师长、对朋友、对社会的责任。"青年者，人生之王，责任者，王中之王。"担不担责任？怎样担责任？青春的意义、生命的价值，全在这一念间。梁启超说："今日之责任，不在他人，而全在我少年。"时刻讲责任，事事负责任，是每一个迈入青春之门的青年必备的通行证。

三是梦想。没有梦想的青春是灰白的，拥有梦想的青春是五彩斑斓的。心有多大，舞台就有多大。相信自己，相信未来，明天是属于你们的！"鸢飞戾天者，望峰息心。"是青年，就要做一只搏击长空的雄鹰，勇敢地放飞梦想，向着云海更高处展翅飞翔！

四是拼搏。这次合唱比赛，14班和22班选的歌曲《奔跑》中有这样几句歌词："随风奔跑自由是方向，追逐雷和闪电的力量，把浩瀚的海洋装进我胸膛，即使再小的帆也能远航。随风飞翔有梦做翅膀，敢爱敢做勇敢闯一闯。"如果只有梦做翅膀，而不去"闯"的话，只怕是再大的船也不能远航。还有一首歌唱道："三分天注定，七分靠打拼，爱拼才会赢！"如果只有梦

三、讲坛纵横

想不去拼搏的话,就如同有位哲人说过"梦里走了许多路,醒来还是在床上"。青春,应用忙碌拒绝蹉跎,让拼搏夺取成功。成长,应用繁茂拒绝洪荒,让耕耘承纳收获。只有经历过一番寒彻苦,才能闻得梅花扑鼻香。拼搏的青春才是充实的青春,奋斗的人生才是有价值的人生!

同学们,站在青春的门槛前,我想对你们说,不管以后遇到什么挫折和困难,永远记住:天生我材必有用!勇敢地迈出青春的第一步吧!懂得感恩,承担责任,放飞梦想,勇于拼搏!为这段青葱岁月立下无悔的誓言,整装待发!相信未来属于你们!

"亲爱的同学们,再过二十年,我们再相会,荡起小船儿,暖风轻轻吹,花儿香,鸟儿鸣,春光惹人醉!"希望那时,我们能在见面时相互说声"青春无悔"!

谢谢大家!

(2017年4月28日于南阳市三中)

追寻：每一个生命的光亮

在 2017—2018 学年秋期期中考试动员会上的讲话

尊敬的各位领导、老师，亲爱的同学们：

大家上午好！

金秋时节，丹桂飘香。我们激情满怀，欢聚在一起。今天，是我们三中伏牛路校区这个大家庭的第一次大团聚。在这激动人心的时刻，我代表学校领导班子向一千多名新生和三十多位新教师表示热烈的欢迎！向曾经在我校并继续在我校工作学习的全体师生表示诚挚的问候！向支持我校发展的各级领导和社会各界人士表示衷心的感谢！

这两个月来的每一天，我都被深深地感动着，我思想感情的潮水，在放纵奔流着。还记得暑期赤日炎炎之时，我们师生汗流浃背地清理校园；教师们积极高效地投入校本教研中，争先恐后；教师们进行拓展训练时精诚合作、挥汗如雨；开学之际，全体教师带着拼搏付出的三中精神投入了新学期的准备和工作中，众志成城。"废寝忘食""夜以继日""忘我付出"已经成为我校教师工作的常态。"比学赶帮""吃苦耐劳""永争

三、讲坛纵横

第一"已经成为我校学生学风的真实写照。

每天当我看到中午和晚上办公室里自愿加班的老师,看到早出晚归陪伴学生的班主任,看到恪尽职守,为学生守护安全蓝天的校领导班子,看到在烈日下军训不叫苦不叫累、口号震天响的孩子们,我就想到了井冈山。条件可以艰苦,困难可以层出,障碍可以增多,但唯有精神不灭!我想说,让暴风雨来得更猛烈些吧!星星之火,定能燎原!

我们就是南阳教育的"井冈山"!为尊严而战,为荣誉而战,为使命而战,我们终将化腐朽为神奇!我们终将再创三中教育的奇迹!我们不急不躁,我们不为名利!做有温度、有高度、有厚度、有记忆的教育,这是我们秉持的教育初心。从人生的角度做教育,从教育的角度做教学,这是我们恪守的教育情怀。陪伴、影响、激励、唤醒,这是我们的法宝和利器。做真正教育的学校、做有特色的学校是我们的目标和梦想。老师们,追梦路上,三生有幸,能与你们牵手同行!

孩子们,今天,伏牛路校区敞开怀抱,从你们父母手中接过一个又一个美少年。明天,伏牛路校区又将挥手作别,还给你们翘首以盼的父母一个品学和颜值一样高的孩子。三年时光,花开花落,弹指一挥,我们责任如山。这三年,对你们一生的影响有多大,不知你们想过没有?这三年,是凤凰涅槃,浴火重生;这三年,是化茧成蝶,华丽转身。天下没有白吃的苦,没有白受的累。孩子们啊,你们每一个,都是一粒饱满的

追寻：每一个生命的光亮

种子。我们甘作泥土，甘为雨露。我们愿意此时帮你擦去额头上的汗，唯恐日后你一个人去抹眼角悔恨的泪。我们愿意陪你共行在前进的路上，唯恐你遇到困难时自我放弃、自甘沉沦。

我不要求你"头悬梁，锥刺股"，但我希望你全力以赴；我不要求你以透支健康为代价，但我希望你拼搏向上。外面的世界很精彩，现实的残酷很无奈。

听，战斗的号角已经吹响！还在小学的小朋友们，希望你们天真烂漫、茁壮成长。初一的同学们，万里长征已经迈开了第一步，你们要尽快适应初中生活的节奏，培养自己的学习和生活习惯。初二的少年们，你们肩头的担子正重呢，可谓任重而道远，要夯实基础，砥砺前行。初三的孩子们，恭喜你们，你们已经登上了人生第一个真正的竞技大舞台，"有志者，事竟成"，"苦心人，天不负"。

今天的你，能熬得了多少苦和累，明天的你，就能赢得多少欢和笑。学习，就是积累，厚积薄发。越努力，越适应学习；越钻研，越善于学习。面对作业不应付，面对课堂不走神，面对复习不抱怨，面对考试不紧张，面对成绩不狂喜，面对失败不彷徨。

今年 8 月 24 日，兰考一位农民工在河南省实验中学粉刷教室墙壁，看着校园内一板又一板高考录取红榜。他把他的人生感悟留在了教室的黑板上，让我们用他的话来共勉。"不奋斗，你的才华如何配得上你的任性；不奋斗，你的脚步如何赶

三、讲坛纵横

上父母老去的速度；不奋斗，世界那么大，你靠什么去看看？一个人老去的时候，最痛苦的事情不是失败，而是'我本可以'；每个人心里，都有一片海，自己不扬帆，没人帮你启航，只有拼出来的感动，没有等出来的辉煌！"让我们一起致敬这位平凡朴实的农民工——刘大刚。

老师们，同学们！山有峰顶，终有回转；海有彼岸，定见曙光！天道酬勤，有你有我！人有精神，遇山开路，遇水架桥，无往不胜！

谢谢大家！

（2017年10月于南阳市三中伏牛路校区）

追寻：每一个生命的光亮

在 2017—2018 学年春期
第一次升旗仪式暨开学典礼上的讲话

各位老师，同学们：

上午好！

新的学期又如约而至，在这一元复始、万物复苏的美好时节，我们在这里举行新学期开学典礼，我首先代表学校祝大家在新的一年里身体健康、工作顺利、学业进步、梦想成真！

岁月不居，天道酬勤。回眸 2017 年，我们和衷共济，追求卓越，硕果累累：我们围绕"从人生的角度做教育，从教育的角度做教学"的办学理念，以教育教学为中心，遵循优质发展、内涵发展、特色发展的思路，各项工作取得了跨越式进步。办学条件全面改善，德育特色全面彰显，学生素质教育全面提升，学校管理全面加强，尤其是教育教学工作更是取得了奇迹般的飞跃，一学期平均分 50 分的提升速度让无数人为之瞩目。八九年级同比有了 500%—600% 的增长，七年级全市统考，一中模拟上线 134 人（总 879 人），占比 15.25%。另外，同学们都和自己上学期刚入学时比一比，看是不是发生了很大的变化：遵守校纪班规，争做文明学生；进校离校整齐排队、秩序井然；注重仪表、面貌阳光、昂扬向上；大声读书、讲话，坚持练字、学习勤奋；学会待人接物、学会感恩、学会反思、更加努力、不断成长。

成绩和荣誉的取得，是全校师生员工克难奋进、合力拼搏的结果。在此，我再次代表学校对全体教职员工的爱岗敬业和辛勤工作，对全体同学的发奋图强和刻苦努力表示诚挚的感谢和由衷的敬意！

展望未来，我们信心百倍。新年伊始，我们要有新的规划、新的目标、新的追求、新的状态。2018年，对伏牛路校区而言，注定是更不平凡的一年，是再创奇迹的一年。基于我们的进步，外面已把我们三中伏牛路校区戏称"三牛校区"。我在这儿姑且用之。

作为"三牛校区"的学生，身体健康最重要。只有身体健康，才能应对今后长远的生活磨砺，才能应对未来学业和事业的挑战。健康的体魄需要良好的生活习惯和终身健身的意识和能力。清华大学提出"每天锻炼1小时，健康工作50年"。同学们，现在开始就要有意识并养成这样的习惯，积极主动地参加体育锻炼，培养一两种自己热爱并伴随终身的体育运动项目，树立终身锻炼的意识。

作为"三牛校区"的学生，乐观阳光的心理也是最重要。人生路上起起落落太正常不过，不可能一帆风顺，只有宠辱不

追寻：每一个生命的光亮

惊，乐观面对困难坎坷的人才能不断前进。"三牛校区"的学生要有更强的耐受挫折能力和自我环境调适能力，热爱生活，积极进取，任何时候保持乐观自信之心，不要被困难和挫折打倒，要相信自己，要学会坚韧，要迎难而上，把困难当作磨刀石，要相信"天生我材必有用""沧海横流，方显英雄本色"。

作为"三牛校区"的学生，学习能力最重要。当今时代，信息数据和人工智能飞速发展，在可预见的未来，还将以我们不可预见的速度发展和变化。未来的你们拿什么去适应和引领这样的时代？同学们，现在就要懂得，一个人具有的学习能力不只是考试取得高分，也不只是掌握更多的已有知识，而是持续保有的探求新知的兴趣与动力，宽阔新颖的学习视野，多元开放的学习思维，辩证批判的学习态度，发现问题的质疑精神和解决问题的创新能力。只有具有终身学习意识，能够运用知识、解决问题、发现新知、创新开拓的人，才是未来社会发展所需要的人才。还有，同学们不能死读书，要加强动手操作、积极参与社会实践、关注现实、与时俱进、学以致用，这是提升学习能力的基础。

作为"三牛校区"的老师，学校无小事，事事是教育；教师无小节，节节做楷模；怀功德之心做教育，怀家长之心做老师，看着学生当孩子，守着孩子过日子。您渴望自己的孩子遇着怎样的教育，那就向我们的学生提供那样的教育；您想让自己的孩子碰到怎样的老师，您就努力去做那样的老师；您深刻

三、讲坛纵横

地了解陪伴的意义,那就给学生多一些温情的陪伴。新的学期,请您把最好的自己呈现给学生。我坚信,您在工作和生活中所散发出的正能量的涟漪,一定会在学生中掀起积极向上的波澜!

老师们,同学们!我们的选择,就是我们的方向;我们的行动,就是我们的信仰;我们的力量,就是我们彼此理解的目光。

相信我们脚下坚实的足迹,一定会连缀成三中伏牛路校区夺目的未来;

相信我们彼此所有的担当,一定会化为来日醉人的荣光!

成功没有偏见,历史从不偶然,未来永远在提问,行动是最好的回答。2018年,让我们相约:携手相牵,真诚相伴,眼里有爱,心底向阳,温暖前行,一起成长!

(2018年3月5日于南阳市三中伏牛路校区)

追寻：每一个生命的光亮

在2018—2019学年秋期开学典礼上的讲话

亲爱的老师们、可爱的孩子们：

早上好！

秋风渐凉，黑夜变长，转眼之间，开学在望。我们伏牛人再次欢聚一堂，喜迎新学期的到来。我提议，先把发自肺腑的掌声送给上一届初三的老师们，是你们披星戴月的付出，书写了伏牛人的奇迹；是你们以校为家的奉献，创造了伏牛人的辉煌；是你们爱生如子的情怀，重塑了伏牛人的形象；是你们交出的近乎完美的答卷，让伏牛人扬眉吐气，斗志昂扬，让伏牛人信心百倍，再踏征程！学校感谢你们，家长感谢你们，孩子感谢你们，社会感谢你们！

今天，迎着朝阳，我大踏步走进校园，感到无比的激动和喜悦。因为我们的大家庭又将迎来一批新主人，一批天真烂漫、渴望新知的主人。我提议，把掌声送给你们，欢迎你们！伏牛路校园就是你们的家。这个家，不够华丽，但足够温暖；这个家，不够富有，但足够团结；这个家，不够豪门，但足够

三、讲坛纵横

大气！专注做教育的老师们，会陪伴你们迎来日出，送走晚霞，将陪伴你们一千多个日日夜夜。再次欢迎你们，感谢你们的选择，感谢你们的信任！

孩子们，父母送你们来到美丽的伏牛路校园，托付给了我们殷切的希望，老师欢迎你们来到美丽的伏牛路校园，会一起演绎动人的成长故事。你们将在这里度过宝贵的初中生活。这种宝贵，不单指你们将学业有所获（这是任何一所学校都要完成的基本任务），更指我们伏牛人做的是有良心的教育，有温度的教育，有记忆的教育，有厚度的教育！这，是你们的幸运；这，也是你们的责任。责任如山，大爱无言。为此，我想说说我们的理想。

一、关于自律

很多时候，我们看到的是别人收获鲜花、收获掌声时的风光，却看不到他们为此付出的近乎自虐的自律。说要自律的人很多，坚持自律的人却很少。就像爬一座险峻的高山，出发的时候黑压压的人，爬着爬着，腿酸的、背疼的、气喘的，渐渐掉队，咬牙坚持到山巅的人少之又少，山脚和半山腰的人，怎能体会到"衣带渐宽终不悔，为伊消得人憔悴"的坚守，怎能体会到"会当凌绝顶，一览众山小"的快意？一个人的自律中，藏着无限可能性，自律的程度，决定着你人生的高度。越

追寻：每一个生命的光亮

勤奋，越努力，越自律，越优秀！愿你我都成为自律的自己，活成自己喜欢的样子！

二、关于读书

沉浸书海吧！读诗，读史，读散文；读陶渊明，读司马迁，读余秋雨吧……真实、唯美和有生命温度的文字会让你们在纷纭世界中保持一份清醒，让你们能抖落满身疲惫后站在窗前看繁星点点，社会浮躁中让心灵诗意栖居……生活，不是要有诗和远方吗？人间烟火有百般滋味，幸福往往被琐碎包裹着，细品之下，都是美好。读书，给你一个了解世界和生活的视角。

三、关于交友

你们这个年龄段，朋友在生活中有着举足轻重的地位，可能有时甚至超过父母。好吧，我们满怀醋意又无可奈何地接受这一现状。不过，我希望你们多交靠谱的朋友。所谓靠谱，就是充满正能量、昂扬向上、心净如水、善良乐观、有责任感的朋友（定语有点长哦），这样的朋友才能给你动力，形成合力，让你在青春的舞台上绽放光彩！万不可把浑浑噩噩当作个性；万不可把偷懒耍滑当作耍酷；万不可和糊涂人为伍！交友，交益友！

四、关于锻炼

多运动。身体是革命的本钱。身体健康，才能精力充沛，思想活跃，才能容光焕发、笑靥如花。这想想都是一件美好的事情。谁也不愿意胖得一动就喘吧？谁也不愿意弱得一冷就咳吧？既然这样，那就奔跑吧，兄弟！动起来，跳起来！来吧，任汗流浃背，任青春的活力挥洒，任细胳膊细腿儿结结实实吧！能读万卷书，更能行万里路。去你想去的地方，背上行囊，即刻就可以出发。

我的理想还有很多很多，满满的都是对你们的祝福，期待下一个开学季再和你们分享。

开学季，出发季，出发，我们同行！

谢谢大家。

（2018年9月于南阳市三中伏牛路校区）

追寻：每一个生命的光亮

在 2017—2018 年度"感动三中人物"颁奖典礼上的讲话

2017 年 7 月，南阳市三中伏牛路校区成立了。

盼优质教育资源整合的东风，白河南岸数十万百姓，已经等了十年。

十年太久，只争朝夕。

条件可以艰苦，困难可以层出，障碍可以增多。但唯有精神不灭！

为尊严而战，为使命而战，为荣誉而战！

忘不了"陪伴，影响，激励，唤醒"的育人方式。从早六点到晚十点半，每天 16 个小时的工作量，他们没有怨言。

忘不了"从人生的角度做教育，从教育的角度做教学"的教育理念。产假未到期就来上班。家属抱着嗷嗷待哺的孩子在门外望眼欲穿。

忘不了"做有记忆、有温度、有厚度、有良心教育"的教育情怀。大雪纷飞，天寒地冻，全城放假。40 多人主动到校上班，让 400 多名住宿学生不再感到寒冷和孤单。

三、讲坛纵横

忘不了"假如我是孩子,假如是我的孩子"的两个教育前提。冬季流感肆虐,每个"班爸""班妈"为孩子们熬制的那一壶壶凉茶,是那么的甘甜!

忘不了"以仁爱之心做教育,以父母之心做老师"。深夜十点多,自己的孩子在教室后面的课桌上已悄然睡着,那场景是那么的让人心酸……

山有峰顶,海有彼岸,漫漫长途,终有回转。

一年来,学生人数实现了从每届100余人,到现在每届1 500余人的大逆转。

一年来,从五门学科全区末位到四门学科全区第一,荣获教育教学质量三项大奖的大满贯。

一年来,学校环境实现了改天换地的改善。修缮了操场、校园,还打造了毕业墙和校史馆。

一年来,提炼出了独具特色的伏牛路校区"一二三四五六"办学思想体系,受到了北京专家的称赞。

一年来,教师培训结硕果。三十几位教师获市区奖励,省部级奖励也轮番出现。

一年来,教育教学质量飞速提升,中招重点高中的升学率翻了十番。

一年来,成功承办全市六县区课改经验观摩会,获得与会专家和领导的好评。

一年来,伏牛路校区的经验和做法被人民日报网、今日头

追寻：每一个生命的光亮

条、新浪网、搜狐网等重量级媒体报道三十余次。

我们深知，哪里有什么岁月静好，只不过有人在负重前行！

对薄弱学校来说，想复兴本来就难。对一个积贫积弱十年之久的薄弱学校来说，想尽快复兴则难上加难。这意味着所有人都必须付出更多的努力，做出更大的牺牲，经历更大的磨难，需要在自身条件不具备的情况下创造条件，抢抓机遇，弯道飞一般的超车才行。

在我的心目中，伏牛路校区每一位负重拼搏的人都是英雄。

在我的心目中，三中教育集团的每一位兢兢业业、无私奉献的人都是英雄！

我期盼着有一天，我们的这些英雄的功绩早一天有更多人知晓；

我期盼着有一天，我们的这些英雄可以不这么辛劳；

我期盼着有一天，我们的这些英雄，功名利禄全都能收到！

（2019年1月于南阳市三中伏牛路校区）

三、讲坛纵横

在2018年度"功勋教师"颁奖典礼暨新年联欢会上的致辞

尊敬的各位领导，尊敬的老师、家长、功勋教师家属们，亲爱的同学们：

大家好！

今天是一个好日子，我们在这里隆重举行2018年"功勋教师"颁奖典礼暨迎新春联欢会。在此，我代表学校领导班子向在座各位表示热烈的欢迎！向今天受到表彰的"功勋教师"表示最热烈的祝贺！

一年时间，我校发生了翻天覆地的变化：学生数量从1 000人剧增为3 200余人、教育教学成绩飞速提升、中招升入一中五中等重点高中人数成十倍增加、学生德行表现日臻完美、老师干事创业热情高涨、社会好评一浪高过一浪。我们在教育教学实践中提炼出了我校"一二三四五六"办学思想体系；成功承办了2018年南阳市中片区基础教育课改现场会；通过了河南省语言文字工作示范校验收；在全区教育教学工作会上，我校同时荣获"中招质量评估先进单位""教育教学质量评估先进

追寻：每一个生命的光亮

单位""调研考试先进单位"等三项大奖。每次大型考试每年级均有 3—5 个学科名列全区前茅！同时，以创文明城市、文明单位为契机，学校硬件建设也得到了改天换地的变化，我校强管理、提质量、弯道超车的典型作为南阳宛城经验在河南省教育厅门户网站上展示！校园艺术节、阅读文化节、中招百日誓师大会、2018 届毕业典礼、阳光大课间等各项教育教学活动被今日头条、新浪、搜狐、网易、《南阳日报》、南阳电视台等媒体报道三十余次。

  过去的一年是我校各项工作发生巨大变化的一年。在区委、区政府、区教体局和各级领导的关心支持下，在我们全体师生的共同努力下，学校的建设与发展进入了一个新纪元。学校改观是我们很多领导厚爱、支持的结果。一年来，各职能部门、社会各界累计支持仅捐助物品方面已经超过百万。学校的发展也得益于老师们的默默付出，及逐渐形成的亮剑精神和龙舟精神。我们曾长期身处困境，正是依靠全体教职工积极投身于学校建设和发展，奉献牺牲，自强不息，拼搏进取，才使得学校有了今天的历史性跨越。这种亮剑精神，不仅是我们干事创业的力量源泉，而且将成为我们再创辉煌的精神动力。像我们的功勋班主任，他们披星戴月，每天在校时间超过 16 个小时，数年如一日！他们爱心至上，以生命滋养生命，以言行感动学生，以思想引导学生；他们舍小家顾大家，爱学生胜过爱亲人，很多时候，深夜十点半还没下班，偶尔自己的孩子在教

三、讲坛纵横

室后面已经睡着了。有的老师甚至得了病都要等到放假了才去医院！他们以行为示范学生，以心灵感染学生，以情操陶冶学生，以人格激励学生。我们的功勋教师，他们不计名利，严谨治学，默默耕耘，无私奉献；他们吃过午饭就进班辅导，听到下课铃响就找学生培优，有的产假未到期就提前上班。很多时候，教师家属抱着哺乳期的孩子等在教室外面。很多时候，他们饿了吃口面包就进了教室；很多时候，他们累了就趴在桌子上休息一下继续工作。他们是我们身边可亲、可敬、可信、可学的先进典型，他们是我们身边最近、最真、最美、最实的英雄。我们要汲取他们的思想，传承他们的品格，弘扬他们的精神，彰显他们的智慧，从而使他们的精神和品格、思想和境界转化为激励我们奋勇前行的精神动力。在评选"功勋教师"的过程中，我们每个评委都备受煎熬，因为功勋教师实在太多。像刘倩、罗佩珊、苗芳、张凡、杨继英、吕健、籍书芳、陈大红、吴琼、李玉霞、黄婷、徐东平、施松博、张凡、李涛、马艳阳、张佳、焦子峰、张晓伟、徐广岩、张敏、江茜茜、白晓璐、刘凌、李静、张楠、付娜、欧翠翠、刘正军、李一慧、高长玉、胡德玲、段明如……他们每个人背后都有一串故事。除了他们，还有我们的每一位教职工！明天，你们中的每一位都将是我们的功勋教师！

在此，我代表学校领导班子向你们鞠一躬，谢谢你们！你们辛苦了！同时，给各位领导、全校教职员工、各位家长、同

追寻:每一个生命的光亮

学们拜个早年,祝愿大家在新的一年里身体健康、合家欢乐、万事如意!

(2019年1月于南阳市三中伏牛路校区)

三、讲坛纵横

在 2018 年中招百日誓师大会上的讲话

尊敬的各位家长、老师,亲爱的同学们:

大家上午好!

今天是一个特殊的日子,女老师们都穿上了节日的盛装,男老师们都穿上了西装打上了领带。孩子们,你们应该看得出我们所有的老师对你们很重视,对今天很重视。因为今天是我校 2018 年中招百日誓师大会的日子。我提议:今天的主角——八九年级的孩子们都站起来,接受全体师生注目礼和祝福!请全校师生以热烈的掌声对他们表示祝福!

有人说,只有 100 天,我们可以做什么?我想说,100 天,可以从初春到盛夏,校园的辛夷会发芽开花,果园里的石榴和黄桃的果实会把枝头压弯。而你们,100 天,可以像上学期一样提高 50 分;100 天,可以改变你的命运;100 天,可以创造历史——不仅创造着自己的历史,也填补着学校的历史。

从今年起,学校要成立校史馆,你们每一个人留下的痕迹都将被永远定格和留存。

从今年起,每一届毕业的班级都可以为母校种一棵树,以

追寻：每一个生命的光亮

毕业班班主任的名字命名，它将和你们一起成长。

从今年起，学校将永久为每个班级、每个学生留一面墙，就在你们的右后方。昨天，学校已特地为你们粉刷了一面墙，你们可以在上面抒写自己的感情与思想。

三十年、五十年后，无论你们是年富力强还是白发苍苍，你们都可以回来翻看有你和同学事迹的那本书，抚摸一下你亲手栽下的树，端详属于你自己的那面墙。

孩子们，未来如此让人神往，现在我们又何敢辜负与彷徨？正如春天最惊艳的花朵，都曾独自挨过寒冬的寂寞。你想抚摸最亮的星，就要穿透最漫长的夜，而且越是在接近成功的时候，越要集中精力奋力拼搏。有首歌唱得好："像我们这样优秀的人，就该拼搏过一生。"

在未来的一百天里，可能有的同学因学习压力大而烦躁，会因为成绩提高不快而徘徊，甚至因恐惧中考而想放弃，此刻的你，最需要的是毅力和耐心、勇气、乐观和自信。希望你们以积极乐观的心态迎接每一天，以负责任的行动充实每寸光阴，坚信没有比脚更长的路，没有比人更高的山，越到最后，越要沉得住气。

古人云："行百里者半九十。"无论前进的道路多么崎岖难行，都不要慵懒、懈怠，只要你心中有坚定的目标；只要你心底坚持为自己呐喊助威；只要你分秒必争、矢志不渝；只要你勇敢地闯过去，把希望当成你的目标，把理想当成你的航向，

三、讲坛纵横

把拼搏当成你的翅膀,你的青春就会在拼搏中绽放,你的人生就能在奋斗中豪迈!

为了梦想,山可撼、地可摇、目标不动摇!江水竭、夏雨雪,激情和勇气不可泄!山无陵,天地合,执着和追求不能夺!沐浴风雨,见证朝阳,彩虹在前方。

贵在坚持,难在坚持,成在坚持!

孩子们,一百天,给自己一个目标,让生命为之燃烧!

一百天,给自己一个信念,让汗水在此挥洒!

一百天,给自己一个承诺,让梦想在六月绽放!

让每一滴汗水和每一分付出,交织成绚丽的双翼,在六月的骄阳里,破茧成蝶;让你走过的路和吃过的苦,实现量变到质变;让成功的花朵,在梦想的舞台上华丽绽放!

最后,不要忘了,你向着幸福飞奔的时候,背后有父母和我们温热的眼神!

2018年中招必胜!

(2018年3月于南阳市三中伏牛路校区)

追寻：每一个生命的光亮

在南阳市三中伏牛路校区周岁庆典暨 2018 届毕业典礼上的致辞

尊敬的各位领导、老师、家长朋友们，亲爱的同学们：

大家上午好！

今天是个隆重的日子。各位领导拨冗出席，全体师生相约而至，家长朋友们远道而来。我们充满了喜悦、激动和回忆，洋溢着信心、感恩和憧憬。

今天是个喜悦的日子。三中伏牛路校区成立一年来，在各级领导的关心、支持和厚爱下，学校实现了改天换地的跨越式发展。

一年来，教育教学成绩飞速提升。一学期 50 分的提升速度，四学科全区第一的成绩再次创造了三中教育奇迹。

一年来，教师队伍快速成长。智慧型教师和专家型班主任的打造初见成效。一年内二十七位老师在国家、省市区大赛中获奖。学校被评为教师研修先进学校。

一年来，学生全面发展。军事化的管理，自觉性的学习，丰富多彩的校园文化生活，陪伴、影响、激励、唤醒的

三、讲坛纵横

特色育人模式,让平凡的孩子变得优秀,让优秀的孩子成为领袖。

一年来,特色校本课程开发与实践影响全市。阅读、书法、演讲,校本课程开发与进课堂成为全市初中的第一家。南阳市中片区课改现场会的成功举办,获得了南阳市教育局和六县区领导和专家的一致赞誉和好评。校本课程实践让校园充满歌声、笑声、读书声和生命拔节生长的声音,让孩子们大声、大方、大气、大雅、大智。孩子们站起来能说,坐下来能写,闭上眼睛会思考。"有志向、守纪律、懂感恩、负责任、会学习、有作为"已经成为我校学生的特色和鲜明标志。

一年来,我们秉承三中"志当存高远,敢为天下先"的校训,携带名校的基因,长成自己的样子。紧紧抓住教育改革创新的历史机遇,遇山开路,遇水架桥,筚路蓝缕,帮扶前行,不忘初心,奋勇争先。在艰苦卓绝的教育实践中,凝练出既符合教育本质规律又能体现我校特色的"一二三四五六"办学思想体系。

一年前在揭牌仪式上的表态发言,还回响在耳边。"一年一大步,三年上台阶"的誓言,各级领导和人民群众的期盼、信任,我们时刻铭记在心,不敢懈怠。我们将进一步沿着既定的目标,不忘初心,砥砺前行,再接再厉,再创辉煌。

今天又是一个分别的日子。对九年级和六年级的孩子们来说,今日一别,不知何时才能再相见。虽然经常教育你们"好

追寻：每一个生命的光亮

儿女要志在四方"，但时到临别，想不到伸出挥别的手是那样的艰难！冬去春来，木枯草生。日落月出，莺来鸟飞。桃谢榴开，叶绿花红。时光逝者如斯，一场青春的盛宴终将人散，一群朝夕相伴的师生即将分别，一股愁绪和心痛不由得涌上心头。我看到很多老师都闪着泪光，就如同父母面对即将远嫁的女儿的那种心情。何事可悲伤？不思量，自难忘。因为，在你们身上老师们倾注了太多的心血和希望，因为你们承载了三中太多的光荣和梦想！

今天是个回忆的日子。以往的学习画面、生活场景一下子涌上心头，令我们来不及剪辑。开学第一天，我们在门口迎接你们，确认过眼神，我们遇上对的人；现在看到就想吐的校服第一天穿在身上，你们居然难掩兴奋和激动；雄心勃勃的你们第一次挂科时那伤心的泪水；与同学闹矛盾后，整整一个上午都心猿意马的表情；政治课上老师说"翻看他人书包信件是违法行为"时那雷鸣般的掌声；生物课上讲生理卫生时，调皮孩子那故意令人尴尬的问题；作文被表扬，异性同学投来赞许目光时，心花儿那个怒放；手冻了，校长送你们的护手霜让你们想起了兄长的模样；不知何时就注重了形象，穿着臭气熏天的鞋子却把头发梳得锃亮；在家饭来张口的你们帮助女生时，男子汉的豪气那么飞扬；你们的照片被张贴到了外面墙上，你们要求妈妈下着雨也一定要亲自观赏；你们把我、王校称为浩哥、燕姐，把比你的爸爸岁数还大的贾主任戏称为老贾，当然还有

三、讲坛纵横

你们的英子、岩哥、亚丽姐和袁妈妈；你们也在老班经典语录里收进了老班土得掉渣的南阳话；你们铆足了劲，期中考试却没考好，你们不屑地望着校园里获奖学生的大幅照片，酸溜溜地说，考试就像斗地主，谁第一次出牌就出炸弹啊；期末考试你们考好了，不停地追问老师，怎么还不照相啊；表彰会上你们听到老考倒数的那小子因为扫地扫得好受到表扬时，深受鼓舞，从此以后争着去抢扫把；上课时注意力不集中，逼得老师拿个竹棍当教鞭，走神时也会挨几下，当然大都是高高举起，轻轻落下；天寒地冻，一群老师站在大门口，一个接一个把你们快要滑倒的身体扶起；大雪纷飞时，我们四百名师生打雪仗、跳兔子舞的场景成了冬日最美的图画；理化生考试，刚被气哭的班主任转眼间就为你们的分数和领导争执不下；体育考试时，老师们宁肯额头晒脱皮，也要暴晒在烈日下，在你们身后为你呐喊助威；老师生病时，你们未必知道，你们生病时，老师拖着肿胀的双脚带你们去医院看病，你们坐在电瓶车后悄悄地叫妈妈；让自己的孩子自力更生，老师唯独对初三的你们放心不下；你们在教室里琅琅读书，老师的孩子在教室后已悄悄睡下；就在这几天，你们的情绪不好，你们不知道，老师跟你们的妈妈又通了电话，虽然老师们做梦都想放假，但真等到了放假，却都无一请假，早早地来，为了和你们说这最后的话……

有太多的记忆想追溯，有太多的留恋想回味，有太多的感动想珍藏，有太多的祝福想释放……

追寻：每一个生命的光亮

今天是个壮行的日子。今天的毕业典礼权当是载满叮咛的一杯酒。想一想天下没有不散的筵席，想一想为国尽忠、为校争光、为家尽孝，想一想事在人为、路在人走，想一想阳光总在风雨后，你们就会在未来的日子里多一些忠贞和大气，多一些坚强和胜算。

校长、老师们记着你们、念着你们、盼着你们，记着你们几百天里的每一个镜头，念着你们的每一个优点和不足，盼着你们每一个人的凯旋！

你们走了，带着三中的文化濡染和烙印，你们走得再远，都走不出这段青葱的青春岁月。一年前、三年前、六年前，你们蹦蹦跳跳地来了，几年后，你们又悄无声息地走了，既然留不住你们，那就带走学校的这片云彩，放在你们记忆的天空里！

你们走吧，世界上有很多藏着光荣和梦想的地方，需要你们用坚韧和智慧去发掘，什么时候都不悲观，什么时候都志存高远，什么时候都去追求至善，什么时候都记得感恩和责任，你们就会成为真诚的人、有用的人、卓越的人，比普通人更好的人，好人一定会成功！好人一生平安！

你们走吧，期待你们中招的好消息！你们走吧，期待你们在人生路上的新奇迹！不管你们考得怎么样，我们都为你们感到骄傲和自豪！你们都是我们心中的宝。

你们走吧，记住回家的路——南阳市伏牛路98号。你们

三、讲坛纵横

走吧,人可以离,但心不可弃。青春永在、学谊永在、兄弟永在、母校永在!

再见!

(2018年6月于南阳市三中伏牛路校区)

追寻：每一个生命的光亮

在 2018—2019 学年春期开学典礼上的讲话

各位老师，同学们：

早上好！

时值春回大地之际，我们在此隆重集会，举行 2019 年春期开学典礼。我代表学校祝大家在新的一年里身体安康、学业进步、梦想成真！

岁月不居，天道酬勤。一年来，我校不仅发生了翻天覆地的变化，还荣获了河南省语言文字规范化示范学校、宛城区教学质量评估先进单位、宛城区调研测试成绩优秀单位、青少年读书教育活动优秀组织奖等荣誉称号。成绩和荣誉的取得，是全校师生员工克难奋进、合力拼搏的结果。在此我再次代表学校对全体教职员工的爱岗敬业和辛勤工作，对全体同学的发奋图强和刻苦努力表示诚挚的感谢和由衷的敬意！

同学们，成功道路千万条，理想信念第一条！世界上任何伟大的事业、任何幸福的生活，都始于梦想、成于实干。为此，我想在这里谈两点建议和希望。

三、讲坛纵横

一、明确我们的梦想。少年生当立奇志，自古有志者事竟成。同学们，生逢盛世，守望未来，你们是美丽中国的新主人！你们享受着前辈们创造的幸福生活，也肩负着开创新时代的伟大使命。同学们，梦想不是考试排名，梦想也不是一纸录取通知。如果把时间拉长，梦想是激发我们终其一生奋斗不止的动力！如果把空间放大，梦想是促使我们奉献社会实现自我的源泉！所以，"读万卷书，行万里路"，做最好的自己，看最美的风景！这才是我们应该追逐的梦想！

二、努力做一个行动着的思想者、贴地而行的追梦人。同学们，我认为，要实现梦想，不外乎做好以下三点：

一是，反思自我。反思自我，贵在守正出新。人生是不可彩排的单程路，过去的每一天、每一次经历，在今天都成为历史。我们既不能在昔日的辉煌中沉醉，也不能在过去的失败中消沉。一年之计在于春，在开始新一年的奋斗之前，反思过往历程，于成败中体悟，在思考中升华，有助于我们更加坚定信念、明确方向；有助于我们守正出新，全面提升。实践表明，智者皆善于鉴往知来。认真反思过往，才能让人更好地走向未来。

二是，努力奋斗。现实是此岸，理想是彼岸，奋斗则是桥梁。奋斗能够收获自信和勇气，奋斗可以创造机遇和坦途！前方的路或许充满崎岖，唯有奋斗才能不惧风雨。每次看似普通的改变，都可能改变普通的你。有时，我们并不欠缺成功的筹

追寻：每一个生命的光亮

码，而只是欠缺勇气和坚持！同学们，奋斗当从点滴起，一日轻寒不成冰！如果能持之以恒，暴雨浇注也不过是朝露沾身！

三是，惜时感恩。日月不肯迟，四时相催迫。在追逐梦想的路上，一定要加倍珍惜时间。先贤圣哲为我们留下了大量关于惜时的诗词和故事，我不再赘述。同学们，我只想告诉你们：人生很短，没那么多来日方长！青春很贵，没有理由挥霍浪费！生活终将会让我们明白：在时间面前，没有任何人能对我们的人生负责，除了我们自己去把握！追梦之路，我们还须懂得感恩。感恩老师，感恩同学，感恩家人，感恩无数默默守护我们的人。是他们的帮助，让我们更强大；是他们的陪伴，让我们更暖心。

同学们，追逐梦想没有捷径可言，认准了，干下去就对了！再远的路，出发了就有到达的那一天；再高的山，起步了就有登顶的那一刻。为了梦想而奋斗，永远不会嫌太迟。

老师们、同学们！新学期，新征程，让我们以梦为马，不负时光，满怀信心，一同逐梦；2019年，在三中伏牛路校区演奏出一场青春和奉献的交响乐！

谢谢大家！

（2019年3月于南阳市三中伏牛路校区）

三、讲坛纵横

让学校文化和精神照亮你的未来

——在2019—2020学年秋期开学典礼上的讲话

尊敬的各位领导、老师,亲爱的同学们:

大家早上好!

今天,我们在此隆重集会,举行新学期开学典礼。首先对各位领导的莅临表示热烈的欢迎和衷心的感谢!让我们以热烈的掌声欢迎新老师和新同学!欢迎你们加入我们这一温暖和谐的大家庭!

春华秋实,岁月更迭,历史翻开了新的一页;山高水长,桃李芬芳,三中伏牛路校区已连续两年喜获硕果,今年将是我们大放异彩之年,今年也将是我们摘取桂冠之年。

老师们,同学们!新的学期,新的开始,孕育新的希望与憧憬。面对更为紧张和富有挑战性的学习与工作,借今天讲话的机会,我想跟我们的老师和同学们探讨以下问题:

我一向认为,学校是需要文化和精神的。提及文化,梁晓声先生这样表达:根植于内心的修养,无需提醒的自觉,以约束为前提的自由,为别人着想的善良。我校的育人与管理理念

追寻：每一个生命的光亮

恰恰契合了这个关于文化的表达。

三中伏牛路校区成立两年来，虽步履蹒跚，却从不彷徨；虽成绩斐然，却如人饮水，冷暖自知，辛苦异常。

学校以前没有良好的口碑，我们就通过召开家长见面会，一句一句地说服，一次一次地影响，一天一天地精致管理，一月一月地无悔付出，才有了一年一年地不断跨步，终于使十年来压抑在我们头顶的阴霾一扫而空，代之以晴空万丈。

我们没有漂亮的新楼，良好的硬件，但我们不等不靠，更不伸手要。自力更生，勒紧裤带。我们想要做的，没有条件，创造条件也要做好。历经两年时间，终于使学校旧貌换新颜。

学校暂时没有更好的生源，我们不埋怨，不抱怨，专心做好自己。用加倍的努力和无私的奉献，铸就一个又一个的辉煌。我们充分发挥教育对教学的促进作用，发掘每一个学生的潜力和闪光点，激发学生学习的自主性，以破釜沉舟、绝地反击的勇气，创造了低进高出的奇迹。

我清晰地记得两年前我在开学典礼上讲的一段话："我们就是南阳教育的的'井冈山'！条件可以艰苦，困难可以层出，障碍可以增多，但唯有精神不灭。为尊严而战，为荣誉而战，为使命而战，我们终将化腐朽为神奇，我们终将再创教育的奇迹。"每次想到这段话，我都会想起电视剧《亮剑》中的话：面对强大的对手，明知不敌，也要毅然亮剑，即使倒下，也要成为一座山、一道岭。

三、讲坛纵横

两年来,我们全体教职员工都像一个有志气的穷孩子一样,憋着一股劲,用爱心、真诚、牺牲和拼搏,呈现给了孩子们和全社会最完美的自己。

虽衣衫褴褛,却目光高远,誓将最璀璨的明珠摘下。在艰苦卓绝的教育实践中,总结出了"一二三四五六"办学思想文化体系,在相濡以沫的帮扶前行中,逐渐形成了"三牛精神"即"亮剑争先"精神。

亲爱的同学们,你们将和伏牛路校区一同成长,我希望你们不论什么时候都能发扬这种精神,不论将来从事什么工作,身上都有"三牛人"这种亮剑争先的气质。

"三牛人"都有明确的目标,远大的志向。

苏轼曾说:"古之立大事者,不惟有超世之材,亦必有坚忍不拔之志!"人生终是为一件大事而来!而理想恰恰是在我们的一生中,无论身处何时何地、何种环境,都应百折不挠、努力追求的人生大事!

大家还记得《西游记》中的唐僧吧,无论是遇到各路神仙,还是屡遭妖魔鬼怪,永远都是用三句话来介绍自己:"贫僧玄奘,自东土大唐而来,前往西天拜佛求经。"这三句话,简洁明快,掷地有声,明确告知别人:我是谁,从哪里来,要去干什么。从中我们可以看出唐僧所执着追求的人生理想,正是因为他坚持理想,所以他从未迷失方向,也从未向困难屈服!

千难万难,有了志向不难;千易万易,下定决心不易!理

追寻：每一个生命的光亮

想很重要，但若没有持续努力追求的毅力，理想最终会变成镜花水月，遥不可及。

"三牛人"都有荷花、竹子和金蝉精神。

荷花会在第三十天绽满整个池塘，竹子会在第五年疯狂生长，蝉会在第十七年的某个清晨悄悄爬上枝头引吭。但那是你看到的它们成功时的精彩，你没有看到它们经受枯燥、忍受寂寞、耐受煎熬蓄积能量的过程。在枯燥中，荷花在池塘里竞相绽放；在寂寞中，竹子在地下伸展扎根；在煎熬中，金蝉忍受十七年的孤独蜕变。

人的惰性往往是追求舒服的东西，比如，有人想"晚上吃鸡"，有人想"王者荣耀"，有人想整天躺床上睡大觉，有人想事少钱多离家近……哈佛大学图书馆墙壁上有这样的馆训："学习不是人生的全部。但既然连人生的一部分——学习也无法征服，那还能做什么呢？""此刻打盹，你将做梦；而此刻学习，你将圆梦"。

冰心在《繁星·春水》中写道："成功的花，人们只惊慕她现时的明艳！然而当初她的芽儿，浸透了奋斗的泪泉，洒遍了牺牲的血雨。"同学们，成功需要厚积薄发，要忍得了煎熬，耐得住寂寞，坚持、坚持、再坚持，直到最后成功的那一刻。

老师们，同学们！人可以缺少帅气与靓丽，也可以缺少金钱和名气，但不能缺乏文化与精神，不能缺少梦想与奋斗。

同学们，从漫长的人生来看，你三年的学习时光很短，转

三、讲坛纵横

眼之间，教学楼的灯火、花园的石榴、百灵鸟的鸣叫，还有金秋那充满校园的桂花味道，都会变成岁月深处的回忆。

但是，今天我们谈到的精神与文化、理想与毅力、拼搏与付出，我希望它们能成为陪伴你一生的朋友，这是这所学校给你的最宝贵的东西，请带着它们，去充实眼前的学习时光，去创造未来的灿烂人生！

最终，我希望你能像哪吒一样喊出"我命由我不由天"的豪言壮语！

（2019年9月于南阳市三中伏牛路校区）

追寻:每一个生命的光亮

在 2019 年中考百日誓师大会暨八年级十四岁青春仪式上的讲话

各位老师,同学们:

大家好!时值春回大地之际,我们在此隆重举行 2019 年九年级中考百日誓师大会暨八年级十四岁青春仪式。

今天是个特殊的日子,在中考百日冲刺之际,我校举行中考百日冲刺誓师大会,这足以证明学校抓教学质量的决心和对大家的殷切期盼。

同学们,决战的号角声已经吹响!一百天,很短,在人的一生中,也不过弹指一挥间;一百天,又很长,对有心人来说,它长得足够改变一个人的命运,因为只要我们精打细算,科学安排,就完全来得及弥补过去的缺漏和不足。在这百日冲刺的起点时刻,我送同学们四句话,希望能给大家以鼓舞和启迪。

第一句:自信是成功的第一秘诀。中考,让我们期待、兴奋,又让我们有一丝不安。希望同学们坚定信心,积极乐观,为了自己的理想,为了美好的人生,永不言弃,奋勇拼搏!

第二句:目标是引向成功的灯塔。目标是我们努力的方

三、讲坛纵横

向,是我们前进的动力。同学们,一定要确立好自己的中考目标和阶段性目标,并咬定目标不放松,以坚忍不拔的意志,在不断的攀升中提升自我,成就梦想!

第三句:好的方法是成功的捷径。越是时间紧迫,越不能手忙脚乱,不知所措。要及时总结,查缺补漏。要熟悉应试策略,掌握规范的答题方法。要清楚自己学习和应试方面存在的问题,及时改正。同学们,一定要注意研究和掌握科学的复习方法,勤学巧练,提高效率。

第四句:勤奋是成就梦想的基石。同学们,在中考的最后冲刺阶段,一定要牢记"勤奋"二字。有付出就会有回报,有耕耘才会有收获。希望同学们珍惜这最后一百天,用辛勤的汗水,忘我的精神,去赢得中考的胜利!

同时,今天,我们还在这里隆重举行十四岁青春仪式。这意味着,今天将成为八年级的你们生命中的一个转折点,走过人生的童少时代,你们将从此走向风华正茂的青春时代,走向成熟、自强、自立。这意味着,你们将逐渐懂得对家庭、社会和国家的责任。

十四岁起,应当是"会当凌绝顶,一览众山小"的意气风发,是"三更灯火五更鸡,正是男儿读书时"的勤勉自励,是"千磨万击还坚韧,任尔东西南北风"的执着,是怀揣感恩、珍惜友谊、懂得在生活中孝敬父母……

最后,引用习总书记的一段话,与各位共勉:"人的一生

追寻:每一个生命的光亮

只有一次青春,现在,青春是用来奋斗的;将来,青春是用来回忆的。……只有进行了激情奋斗的青春,只有进行了顽强拼搏的青春,只有为人民作出了奉献的青春,才会留下充实、温暖、持久、无悔的青春回忆。"

谢谢大家!

(2019年3月于南阳市三中伏牛路校区)

三、讲坛纵横

让"三牛精神"照亮你我的未来

——在2019届学子毕业典礼上的发言

尊敬的各位家长、各位老师，亲爱的同学们：

大家上午好！

今天，我们在此隆重集会，举行2019届学子毕业典礼。我们的心情喜悦而激动，既有送壮士出征的壮怀激烈，又有离别儿女般的依依不舍；既有对我们全心付出，了无遗憾的踏实与坦然，又有对你们未知世界和美好未来的祈祷与期待。

同学们，春秋代序，时光流转。竹林里的小鸟去了又来，花圃里的石榴花落了又开！三年，你们在这个校园里，体验过成功的喜悦，也忍受过挫折的打击。你们中有人长高了，有人变壮了；有人夺得了冠军，有人战胜了自我；有人走上了心仪的舞台，有人在报纸和电视上一展风采……

往日如歌，我们以毕业之旋律与"三牛"告别；

前程似锦，我们用青春之誓言与未来相约。

"三牛"求学的时光在你的生命中将渐行渐远，慢慢变成岁月深处的记忆。但是，同学们不必伤感，这记忆可能会模糊，但不会消失，它会永远伴随着你，在你此后生命中的某个瞬间，猝不及防来拜访你，给你信念、力量和方向。

我谨代表你们所有的师长，把这份沉甸甸的祝福镌刻在每一位"三牛人"心灵深处、促使每一位"三牛人"矢志不渝、奋然前行，把"三牛精神"交付与你，它是我的祝福，更是我的期待！它将陪伴你跋山涉水、突破困境；它将陪伴你锐意进取、获得成功！

明天，你们即将离校，这可能是我最后一次给你们讲话。我提三点希望与大家共勉：

一、做一个有理想更勇于追求理想的人

的确，我们都知道理想对人生的重大意义。可现实往往是"立志易、守志难"，很多人理想远大，可一旦面对困难就浅尝辄止、知难而退。这样的人，不叫有理想的人。

真正有理想的人，就是明知道自身的缺点和前路的困难，却能毅然决然去面对、去改变、去克服，甚至做到竭尽全力、一往无前！

就像失聪的人成了音乐家，口吃的人成了演说家，有社交恐惧症的人成了外交官！

追求梦想的真相就是：为了做一件喜欢的事情，你需要先做无数件不喜欢甚至恐惧的事情。

三、讲坛纵横

同学们,我们要做这样的人,为了理想,勇于改变缺点,战胜恐惧!

二、做一个能坚守的人

人不是什么时候都能活得一帆风顺。

本想抬头挺胸前进,却不知何时就会沾一身泥巴。不过,即使那样也能坚持走下去的话,总有一天泥巴会干燥掉落。

人生艰难,有时候我们很难达到理想的状态,我们可以卑微如尘土,但绝不可以放弃心中那对光明美好的坚守。正如爱因斯坦所说:"一个人所能做出的最好榜样,是要有勇气在风言风语的社会中坚定地高举伦理的信念。"

这样的人,才是值得尊重的人!

三、做一个肯付出、持续努力的人

莫扎特说:"谁和我一样用功,谁就会和我一样成功。"

关于史蒂芬·霍金的传记电影《万物理论》中也有这样的台词:"人类的努力应该是没有边界的,我们千差万别,不管生活看上去有多糟糕,总有你能够做的事情,并且能够成功。有生命的地方,就有希望。"几乎所有的成功者都有一个秘诀,那就是:持续不断地付出,永不懈怠地努力!

追寻：每一个生命的光亮

再过几天，我们将共同迎接中考的挑战，这既是一场知识与能力的比拼，也是耐力与勇气的角逐！此刻，你们内心升腾的应该是全力以赴的激情、跃跃欲试的渴望、舍我其谁的自信！

同学们，天下没有不散的筵席，泰戈尔说："无论黄昏把树的影子拉得多长，它总是和根连在一起。"同样的，请记住：一入"三牛"门，一生"三牛"人。这里是南阳市伏牛路98号，这里是你永远的家。

再过二十年，我们再相会，希望那时的你们，风度翩翩，归来仍是少年！

（2019年6月于南阳市三中伏牛路校区）

三、讲坛纵横

在2020年中考百日誓师会上的讲话

尊敬的各位家长，老师们，同学们：

今年注定是个不平凡之年。一场突如其来的疫情，让包括我们在内的世界人民都猝不及防。时代的尘埃，落在每个人头上，都是一座山。在肆虐的病毒面前，我们看到了八十四岁仍带队出征的钟南山院士；看到了每天睡三小时，与死神赛跑的李兰娟院士；看到了虽身患绝症仍坚守一线的张定宇院长；看到了剪掉一头秀发自愿出征的河南护士四姐妹；看到了坚守卡点数十天积劳成疾牺牲在工作岗位的宛城区汉冶办事处金虎等四名党员干部；看到了数十名在疫情最严重的时刻，冒着生命危险到校值班防疫的我校领导干部和教师党员。请大家以热烈的掌声向他们致敬！

鲁迅先生曾说过，"我们自古以来，就有埋头苦干的人，有拼命硬干的人，有为民请命的人，有舍身求法的人。"基辛格在《论中国》中讲："中国人总是被他们之中最勇敢的人保护得很好。"

尊敬的各位老师，亲爱的同学们，我们的学校比任何时候

追寻：每一个生命的光亮

都更需要勇敢的人。

今天是个不平凡的日子，老师们都穿上了节日的盛装。三年前，也是在这个地方，我们发出了共同的誓言："条件可以艰苦，困难可以层出，障碍可以增多，但唯有精神不灭。为尊严而战，为荣誉而战，为使命而战。我们终将化腐朽为神奇，我们终将再创教育的奇迹。"

尊敬的各位老师，现在我们比以前任何时候都更需要你们的牺牲奉献。三年磨一剑，我们能否在今年创造教育的奇迹，能否为这876名学子开创更加灿烂的前程，让他们获得更高的起点，成败全在这一百天。面对孩子的未来，我们更是责无旁贷。唯有潜心备课，研究对策，陪伴引领，关注落实，提升效率，抢抓时间，争创佳绩。

尊敬的各位家长，我们比任何时候都更需要你们的支持和配合。希望你们并通过你们向全体家长朋友们发出倡议，做学校和老师的坚定支持者和无条件的理解者：做好学生的后勤保障和心理安抚，做好在家的辅助教育，配合学校的各种教育举措，家校携手，形成合力，共同托举孩子的成功和成才。

亲爱的同学们，我们比以往任何时候都更需要你们的拼搏和刻苦。因为疫情，你们或多或少都荒废了一些时间和精力。而最后的一百天，正是我们弯道超车、奋起直追的时候；最后的一百天，你们可以像以往学期一样提升50分；最后一百天，足以改变你的命运，改写家族的历史。

三、讲坛纵横

今天,我们在这里隆重举行百日冲刺誓师大会,就是要发出圆我们青春梦想的动员令,吹起扬我们人生志气的进军号,擂响振我们攻坚雄心的战鼓声!在这个特别的日子,我想给同学们提几点希望。

首先,要明确目标,坚定信心。目标是前进的指明灯,信心是成功的青云梯!各层次同学要根据自己的情况,确立明确的目标。通评阶段前百名的同学要有冲刺中招状元的目标;前六百名的同学至少要立下一中的目标;前一千五百名的同学要向五中的目标努力;所有的同学要发奋考上重点高中。我希望所有同学都及早确立自己的奋斗目标,然后咬定目标,心无旁骛,努力拼搏。也许有同学因为自己基础太差,失去了定目标的勇气。古人曾经说过:"哀莫大于心死!"当你对生活心灰意冷、失去信心,生活也必定向你关闭成功的大门。只有树立信心,重燃希望,才能让生命不断卓越。在人生道路上,在中招备考中,我们一定要不断认识自己,不断相信自己,不断超越自己,不断证明自己!要相信"事在人为",要相信"付出必有回报",要相信"别人能做到的事情,我也一定能做到",要相信"别人能做好的事情,我也一定能做好"! 2009 年,我校本部杜依蕾同学在初二期末时还只排在年级第 244 名,但她一直怀揣一中特长班的目标和自信,最后不仅如愿以偿,还成为南阳市中招状元。25 班的张一鸣、魏天姿,31 班的张琼丹,26 班的孟旭、周荣宛等同学,初二上学期只是年级中等,但

追寻：每一个生命的光亮

经过一个学期的拼搏，现在已经入一中苗子的行列！只要你敢拼，永远不算迟！

其次，要珍惜时间，及时反思。一百天，我们无法延伸其长度；但我们可以拓展其宽度，发掘其深度。这就要求我们竭尽全力，最大限度利用好这一百天。一是，在时间管理上增强计划性。"凡事预则立，不预则废。"我们也要针对所剩的一百天认真制定"百日冲刺计划书"，包括：在这一百天，我该怎么学，对自由支配的时间该怎样合理利用，哪段时间写语数外、哪段时间做物理化学、哪段时间看政治历史等，要做到提前规划，确保在规定时间内完成规定任务，以提高效率，保证实效。一月，一周，一日，乃至一时、一刻该做什么，如何做，做到什么程度，预期目标是什么，最终结果如何，都要心中有数，都要有所收获。二是，要记住鲁迅对我们的告诫，学会像从海绵里挤水一样善于"挤"时间。要惜时如金，要善于利用边角时间、点滴时间进行学习。当自己在打闹、上网，放松娱乐的时候，要问问自己，此时别的同学在干什么。每天多挤出一点点时间，多看一点点书，多做一点点思考。在每一天快要结束的时候，应当认真反思在这一天的所作所为，自己是否真正做到了珍惜时间。老师讲课时，是否因为知识枯燥难懂而恍惚走神？上自习课时，是否因为自己意志薄弱而心不在焉？在家中做作业时，是否禁不住电视节目或电脑游戏的诱惑而虚度时光？在周末，是否因为贪玩而无暇顾及书本？见贤思齐，每日反省，力争今天比昨天进步，明天比今天进步。

最后，要讲究方法，科学高效。"工欲善其事，必先利其器。"在这一百天中，找到适合自己的学习方法对提高我们的学习成绩非常重要。方法得当，事半功倍；方法失当，事倍功半，甚至劳而无功。第一，要知道自己"为什么学""学什么""怎么学"。实现课堂学习效率高，课后复习有质量，保证所学内容达到堂堂清、天天清、周周清、月月清。第二，要做到学思结合、学问结合、学用结合、劳逸结合。第三，要梳理构建学科知识网络，夯实"双基"基础，使教材内容要点化、要点知识习题化、习题选择系列化、系列训练规范化、规范要求经常化，从而达到所学知识融会贯通、运用自如。第四，要有针对性地进行培优补差，保持优势学科的同时，对薄弱学科要重点补。第五，要认真对待平时的每一次测验，把它们都当作中考那样来考。做到规范解题、细致运算、书写端正、过程完整。第六，要把握每一个细节。立足做好眼前的小事，用好每一个早读，上好每一节课，弄懂每一个题目，不放过每一个疑点，通过点点滴滴的积累，登上中考成功的阶梯。

同学们，立壮志十年磨一剑，铸辉煌百日试锋芒。中考的战鼓已经擂响，我们别无选择。"狭路相逢勇者胜"，此时不搏何时搏！

贵在拼搏，难在拼搏，成在拼搏！

贵在谁能对自己狠，难在谁能对自己更狠，成在谁能对自

追寻：每一个生命的光亮

己最狠！

   2020年中招必胜！ 2020年我们必胜！
   谢谢大家！

               （2020年4月28日于南阳市三中伏牛路校区）

三、讲坛纵横

发掘潜能　遇见最好的自己
——在学校升旗仪式上的讲话

同学们：

早上好！

今天我怀着虔诚的心给大家作演讲。因为九年级中招体育考试迫在眉睫。今天我原本应该在北京接受培训，但大战前夕，有我在，我放心，也请你们安心。记得上一届学生体育考试前，我给同学们作了次演讲，说"你们都能考好"，结果我们的平均分比其他学校高了10分。这次理化生实验考试前，我拍着每一位同学的肩说："放心，没事的！"结果是，除了两个同学外，都是满分。

九年级一模考试和期中考试刚刚结束，又是几家欢乐几家愁。很多同学感觉已经尘埃落定：对成绩满意的有的已经有了骄傲情绪，感觉失败的有的已经灰心丧气，甚至觉得即使拼尽全力也回天乏术。下面我不说学习，我先给同学们讲几个故事：

1993年，日本一位4岁小男孩从8楼掉下来。男孩的妈妈

追寻：每一个生命的光亮

小山美真子当时正在楼下晾衣服，看到这一情景，立即飞奔过去，赶在小男孩落地之前，把孩子抱在了怀里。

要接到从 25.6 米高的地方落下的孩子，这位站在 20 米外、身高不足 1.60 米、体格略显纤弱的妈妈，必须跑出每秒 9.65 米的速度。而这一速度，在当时的日本，连成绩最好的田径运动员，都难以达到。

我们中国也有过这样一个妈妈，在载着自己孩子的公交车翻车的紧急关头，为救孩子，竟然自己一人没有借助任何外物把几吨重的公交车掀了起来。

不可思议吧！但这确实是两个心中对孩子充满爱的人瞬间爆发了潜能，创造了奇迹！

"人的潜能究竟有多大？"这是个永恒的话题。美国一些心理学家的研究结果表明，人类一生所利用的，不过是自身潜力的很少的一部分，人类至少有 90% 的潜能没有被开发利用。由此可见，潜能无处不在，重要的是如何去发掘并运用好自己的潜能。

约翰·库缇斯，世界上最著名的激励大师。他患有先天性严重残疾，没有腿。1969 年，他刚出生时只有一个易拉罐大小，医生说他活不过一周。但是，现在他仍然奇迹般健康乐观地活着。他 1994 年获得澳大利亚残疾人网球赛的冠军；2000 年拿到澳大利亚体育机构的奖学金，并在全国健康举重比赛中排名第二。约翰还获得了板球和橄榄球二级教练证书；他还会

三、讲坛纵横

游泳、潜水、开车,他去过190多个国家和地区,演讲800多场,影响200多万人,他的演讲雄伟壮丽、震撼人心,每到一处都掀起泪海与热潮。

约翰·库缇斯以超人的毅力生活、学习,一次次地挑战自己,向全世界证明了他的自信、潜能与实力。

他说:"每一天都会成为你生命中最美好的一天。我想跟你说的是,如果我都可以做到,或者说如果我们都可以做到,为什么你不可以呢?如果我可以做到,那么你也可以做到!你也可以做到!你也可以!请记住别对自己说不可能! Nothing is impossible!"

正如莎士比亚所说:"一个人的心灵如果受到鼓舞,即使器官已经萎缩,也会从沉沉的麻痹中振作起来,重新开始活动,像蜕了皮的蛇一样获得新生的力量。"

乔·吉拉德创造了吉尼斯汽车销售纪录,而被称为"世界上最伟大的销售员",连续12年荣登世界吉尼斯纪录大全"汽车销售世界第一"的宝座。从1963年至1978年,他总共推销了13 001辆雪佛兰汽车。他所保持的世界汽车销售纪录:连续12年平均每天销售6辆车——至今无人能破。他也是著名的演讲家,经常问人们:"人身上有一万台发动机,你开动了几台?"

的确,每一个人的心中都隐伏着一头雄狮。每个人都能成功,只要相信自己的力量,充分发挥自身的潜能,每个人都可以大有作为。

追寻：每一个生命的光亮

面对成绩单，很多同学进步了一千多个名次，充分发挥自己的潜能，你怎么知道你不可以再进步？每个人都有自己的短板学科，你不尝试一下，怎么知道自己的劣势变不成自己的优势？

古希腊著名演说家德摩斯梯尼天生口吃，嗓音不大，还有耸肩的坏习惯。看起来，他似乎没有一点儿当演说家的天赋。一名出色的演说家，必须声音洪亮，发音清晰，姿势优美，富有辩才。

为了成为卓越的政治演说家，德摩斯梯尼非常努力，进行了一场刻苦的学习和训练。他第一次上台时，演说很不成功，发音不清，演讲空洞，听众把他轰下了演讲台。

从此，他更加努力学习。他抄写了《伯罗奔尼撒战争史》八遍；他虚心向著名的演说家请教发音的方法；为了改进发音，他把小石子含在嘴里，然后朗读，迎着大风，和波涛讲话；为了去掉气短的毛病，他一边在陡峭的山路攀登，一边不停地吟诗；他在家里装了一面大镜子，每天起早贪黑，对着镜子练习演说；为了矫正演讲时爱耸肩的毛病，他在屋梁上悬下两条绳索，绳索上吊上两把尖刀，让自己站在两把刀之间连续演讲……德摩斯梯尼不仅训练自己的发音，还努力研究古希腊的诗歌、神话，背诵优秀的悲剧和喜剧，以增加自己的学识。当时，柏拉图是深受人们喜欢的演讲大师，风格独特。他的每次演讲，德摩斯梯尼都前去聆听，并用心琢磨大师的演讲技巧……

经过十多年的磨炼，德摩斯梯尼终于成为一位出色的演说家。他的著名的政治演说为他建立了不朽的声誉，他的演说辞被后人结集出版，成为古代雄辩术的典范，打动了千千万万读者的心。

孩子们，只要对自己足够狠，没有什么不可以！期中考试刚刚过去，这是最容易松懈的时候，我们必须抓住这段易逝的时光，好好把握，将知识这颗闪光的宝石紧紧握在手中。

早读，面对几十个枯燥的单词或者是几页政史，只要专心、用心，你肯定能把他们倒背如流；课堂上，只要你充分开动脑筋，不走神，你一定也可以当堂掌握90%的内容；课后，你分秒必争，不放过一点闲散时间，你就会发现你将是学习和时间的主人！你实事求是，不懂就问，你将发现你的问题越来越多，越来越高深；你不断地给自己定目标，并不断超越目标，就像练习立定跳远时你不断给自己画的线一样，终会发现，你原本也可以这么优秀！

孩子们，我们要全面地认识自己、锻炼自己、鼓励自己、丰富自己，做最好的自己！

趁现在，年华正好，岁月正长。经年后，梦不圆，何以致青春！

同学们，让我们怀揣自信，永不懈怠，脚踏实地，发掘潜能。相信你们定能够"志当存高远""敢为天下先"；相信你们定能够"会当凌绝顶，一览众山小"；相信你们定能够"长风破浪会有时，直挂云帆济沧海"！

追寻：每一个生命的光亮

在新团员入团宣誓仪式上的讲话

尊敬的各位领导、老师，亲爱的同学们：

大家好！

团旗飘扬，沐浴着夏日的阳光；

团徽闪亮，洋溢着青春的力量。

首先，我谨代表校团委向二百七十四名新团员表示热烈的祝贺！

中国共产主义青年团，是中国共产党缔造并领导的一个具有光荣历史和革命传统的先进青年组织，近一百年来，她团结和带领广大青年在革命建设、改革广阔舞台上，创造了令世人赞叹的业绩，为党培养、输送了大批新生力量和工作骨干。历史充分证明，中国共产主义青年团不愧为党的忠实助手和后备军，不愧为党联系青年的牢固桥梁和纽带。

凝望历史的长廊，我们感慨万千；

呼吸时代的芬芳，我们豪情万丈。

今天，在这个特别的日子里，我向大家提出以下要求：

一、树立远大理想，坚定政治信念。

三、讲坛纵横

是雄鹰，就要搏击长空；是鸿鹄，就要展翅飞翔；是青年，就要有所作为！翻开古今中外名人的画卷，他们无不具有坚定的理想和信念，而大多立志于年轻之时，追求于一生之中。无志之人常立志，有志之人立长志。当今社会为我们的成功提供了宽广的舞台。只要我们有理想有志气，并且不断战胜前进路上的艰难险阻，就一定能够到达成功的彼岸。

二、刻苦勤奋学习，珍惜有限青春。

二十一世纪什么最贵？人才。人才靠什么铸就？学习。当今世界信息交流日益广泛，知识更新大大加快。没有知识寸步难行，初中毕业只能算是文盲，我们要跟上社会的步伐，做时代先锋，就必须端正学习态度，掌握科学的学习方法，用"头悬梁、锥刺股"的精神，利用有限的青春，学习无尽的知识。

三、培养良好品德，塑造健康身心。

品德是做人的根基，只具备科学文化知识是不行的，还须具备热爱祖国、乐于奉献、崇尚科学、团结互助、诚实守信、遵纪守法、艰苦奋斗等良好的品格。那些被判刑的腐败分子，他们有过硬的科学文化知识和专业素质，但为什么成了历史的罪人呢？道理很显然，他们丧失了正确的世界观、人生观和价值观，他们失却了高尚的道德情操。同学们，你们是祖国的未来、民族的希望，要在中学阶段就打好思想基础，从我做起，从小事做起，从现在做起，主动捡拾地上的一张渍纸；关心帮

追寻：每一个生命的光亮

助处于困境中的人，爱护学校一草一木；严格遵守学校和班级的纪律；言谈举止显示淑女气质，举手投足体现绅士风度。

同学们，一言以蔽之，希望你们将梦想放飞，以勤奋为马，用品德作帆，与时间赛跑，向困难挑战，以实际行动体现共青团的先进性和模范性，真正做到"组织上入团一生一次，思想上入团一生一世"！

三、讲坛纵横

家校携手　精益求精　共创孩子的美好未来

——在2013年秋期家长会上的讲话

尊敬的各位家长朋友，各位家庭教育专家：

大家上午好！

首先，我谨代表全校6 000余名师生员工，对各位家长的莅临指导表示热烈的欢迎！对各位家长朋友对我校工作的大力支持表示衷心的感谢！

家长是孩子的第一任老师，也是终生的老师。家长在孩子的教育中起着无可替代的重要作用。从孩子的成长阶段来看，初中重于高中，初二重于初三，不是危言耸听，也不是忽悠大家急功近利，这是教育规律。因为初中阶段是孩子世界观、人生观、价值观和各种习惯初步形成的时候，这一阶段易受外界干扰，而高中阶段已经形成。初三临近毕业，压力不请自来，而初二是各方面都遗忘的角落，却是孩子最逆反的阶段，也是学习知识最多的阶段。有专家说"初二定人生"有一定的道理。这也就是咱们在初二就召开这种层次家长会的原因。

追寻：每一个生命的光亮

我想先向大家通报一下本次期中考试的整体成绩。纵向与一年级期末考试相比，本次期中考试在高分层人数及各科三率上均有均大的进步。这与各位家长的支持和配合是分不开的。横向对比，与辖区内各学校三率对比均名列前茅，高分层人数我们是信心满满，但同时又不容乐观。不过，如果你们想让孩子上更好的学校的话，那孩子就得加倍努力，在初二别人还没拼搏时，咱拿出初三的拼劲，查漏补缺，精益求精，培优补差，在兑现上抢先一步，方能占得先机。等到初三，知识已形成缺口，不容易补不说，关键是时间紧张，况且初三学生都知道用功，你拼，别人也拼。

那么，如何拼初二呢？我认为培优补差是关键。培优是指培育优势学科，补差是指恶补劣势学科。孩子成绩不理想时，不要惊慌失措，更不要批评埋怨孩子。首先，要学会帮孩子分析成绩，找孩子的差科。一要看成绩单，而不只是不看分数，因为试题难易程度不一样。二要看学科成绩在年级的名次。如果你们的孩子在年级占300名，语文105分占学科的500名，那语文即为"差科"。然后，再看试卷。若语文差，则需要看看是积累运用部分失分多，还是阅读分析失分多，是古诗文赏析失分多，还是作文失分多。若物理差，则需要看看是光学部分差还是电学部分差，是力学部分失分多还是密度、压强失分多。若英语差，则需要看看是听力、词汇、阅读理解、补全对话差，还是作文拖了后腿。最好连看几次单科排名和试

三、讲坛纵横

卷，才能找出是哪一科的哪一部分能力弱，然后及早动手对症下药。有条件的话，可以寻名师指点，但最好依托班主任和任课老师，有计划、有重点、有步骤地做专项训练，做了这些之后一定要核对答案，找出错因，反复训练，反思提升。只要功夫深，铁棒磨成针，一月、一学期、一年，弱科肯定能变成强科。

最后，我想对家长提几点建议：

一是，营造一个和谐、温馨、理解、宽容的家庭环境。研究表明，家庭温馨、民主、宽容的孩子更自信，自信的孩子更容易与人沟通，更容易在考场中处乱不惊、发挥稳定，更容易获得成功。

二是，扮演一个善于倾听孩子心声的知己角色。现在的孩子正处于青春期、叛逆期，同时思想、学习、心理压力很大，家长要时刻关注孩子的心理状态，不能见面只问成绩，好了，发奖金，差了，一顿斥责，这样永远走不进孩子的内心。我教的2005届有个姓谷的学生，很聪明，成绩也很好，有段时间沉迷于网络游戏不能自拔，成绩一落千丈。他父母什么手段都用了。后来，我对他们说：当你无计可施时，有两个法宝还可以用，一是赞扬他，二是走近他。他父亲不再对他打骂关禁闭了，而是跟他一起熬夜打游戏（当然是极短时间），之后两人找到了共同语言，孩子听进了劝告，戒了网瘾，后来考上了华中科技大学。（有意思的是，孩子他爹没有戒掉，现在还在玩。这是后话。）所以说，家长是孩子最亲的人，是孩子的依靠。如果家长不体谅孩子，不认同孩子的努力，不支持孩子的选择，不鼓励孩子的进步，那么他们有话就不跟你说，一旦心中有苦痛，就可能找别人说了，早恋等现象便可能产生了。我一直有这样一个看法：女孩早恋是父爱不够，男孩早恋是母爱不足。家有儿女的大家一定要以朋友的身份和平等的姿态去倾听孩子的心声。不想让孩子早恋，就别让孩子情感一片空白。

第三，做一个积极配合学校及任课老师的合作型家长。在教育上有这样一个等式"5+2=0"，意思是，五天学校的正面教育加上两天家庭的反面教育，教育结果将归零。这样的事例比比皆是，比如，2007年，我们学校正进行自立自强教育，有个家长跟他孩子说了一句话，让一个多月的学校教育彻底无效。这边老师说："流自己的汗，吃自己的饭，靠天靠人靠祖上，不算是好汉！"那边他妈说："娃儿啊，学不好算了，别累坏了，你爸是财政局局长，咱最坏也能去财科所上个财政编。"碰上这样的家长，彻底无语。再比如说，学校不允许学生带手机进校，但有些家长经不住学生的软磨硬泡，便允许他们带进学校里来。结果，他们上课看手机发微信，一点儿正事不干。又比如，去红泥湾实践学习时，学校不允许带零食，但当妈的总心疼，偷偷地塞几根火腿肠，结果吃饭时孩子总不好好吃，而是惦记那几根火腿肠。

可见，教育是个系统工程：离不开学校，离不开老师，离

三、讲坛纵横

不开社会,更离不开家长,形成合力才有可能"5+2＞7"。

各位家长,时间有限,一言以蔽之,为了你的孩子、我们共同的学生,我们坚信,有各位家长的鼎力支持,有全体教职工的辛勤耕耘,有孩子们的不懈努力,有我们家校的携手,精益求精,我们一定能够为孩子们开创更加美好的未来。

谢谢大家!

(2013年10月于南阳市三中)

追寻：每一个生命的光亮

在2017年秋期伏牛路校区第一次家长会上的讲话

尊敬的各位家长、老师们：

大家下午好！

首先对各位家长百忙之中抽出时间来参加家长会表示热烈的欢迎！对老师牺牲休息时间加班工作表示衷心的感谢！

非常高兴在三中建校112周年的日子里，认识这么一群活泼可爱的孩子，结识在座诸位高素质的家长。

清朝光绪二十三年，即1905年，南阳市三中的前身——元宗学堂成立了。戊戌变法的发起者之一，近代名人康有为先生欣然为我校题写校名；1923年至1928年，原中顾委委员袁保华在我校度过了愉快的五年学校时光；中华人民共和国成立后，两院院士、将军、商界领袖等数十万各界精英从我校走出，成为社会栋梁。近年来，包括中高招状元王越、杜一蕾、李玉华夏、梁义钦、张丛薇在内的三十余名清华北大学生，在我校接受过历史的熏陶和文化的学习。

112年间，三中一直与时代的脉搏同频共振，一直引领着

三、讲坛纵横

南阳教育的发展和教改的潮流。2012年,三中新一届领导班子上任后,教育教学质量节节攀升,尤其是2015年中招,全市前十名,我校占七名,这是数十年中城区几十所初中学校所没有出现过的。三年来我们用二流的生源,拼命的干劲,亮剑的精神,再造优质生源,各个层次排位全市靠前。

客观地说,今年伏牛路校区的孩子是幸运的,因为我校区的管理团队是2015年毕业那届的原班人马。我们这个团队历来以敢打仗、敢打硬仗、敢打胜仗著称;把公事当私事,把黑夜当白天,把工作当事业,把荣誉当生命。主管教学的王丙燕校长是南阳市乃至河南省都非常出名的班主任和名师,主管德育的张征校长在2015年就负责一个校区的德育工作,主管办公室的冀校长在十年前就是三中的名师了。"管理创造奇迹,拼搏铸就辉煌"是教育界人士对我们团队的概括。我们有的领导在放假期间父亲住院几天没来得及去医院探望。王校长每天加班加点,用药物维持体力和精力。张校长为学生提升学业殚精竭虑,经常整宿都睡不着觉。冀校长整个假期都在加班。朱校长这几天深夜还冒雨督促工人施工建餐棚。我们把管理做到了极致,在重要时间节点,如开学前、月考后、中考前后、期末前等,教育活动全部由国家和省市级名师为各位班主任和老师培训,再经过集体备课,教研才付诸实施的(比如说,第一周、第一月要达到什么目标,干什么全部由团队统一指导,集体协商。这次家长会的课件及材料也都是王校长、张校长和班

追寻：每一个生命的光亮

主任们牺牲周末的休息时间一起制作的）。所以，请大家放心，不管孩子在哪个班，他都能接受到名师的教育。

我们把教师培训做到了极致。为打造名校，必须培养名师。今年暑假，从8月10日开始，我们就开始了教师培训工作。我们独特的体验式培训使教师收获颇多，培训方式也开创了南阳市教育培训的先河。

我们把与三中本部的交流做到了深度融合。教学管理完全一致，并且有创新和突破。为了便于统一管理和成绩计算，我们班级都和本部排在一起。今年三中本部分三批交流选调了三十一位优秀教师来我校区任教，占中学一线教师总数的42%。优秀的师资、精致的管理使今年招生出现了惊天大逆转。据不完全统计，今年有十七名三中本部学生，包括培优班学生在内，转到我校区上学，有三十五名拿着市内老牌名校的通知书来咨询可否到我校就读，有更多的孩子在考上了其他学校的培优班后坚持要我校给个机会参加我校的编班考试。尤为感人的是，有一个学生假期已经在某私立学校预交了六千元学费，家长表示即便学费不退，也要到我校就读！原定八个班的七年级的规模临时扩大到十二个班。

生源的剧增让我们措手不及。第一天开学时有学生没有领到书，有学生排队就餐就寝时间过长。为此，我代表全体教职员工为我们工作的服务不足表示真诚的歉意并立即整改。学生书本由于假期已经预定，比实有人数少了四百多套，我们争取

三、讲坛纵横

一周内调整完毕。学生就餐窗口已经增加一倍,餐棚我们已经在连夜冒雨搭建,餐厅已经向教育局紧急请示,预计两个月内修建完毕。

各位家长,我们认为:"一个学校,没有中招成绩不行,但只有中招成绩也是危险的。"因此,我们有一个目标,那就是"培养未来社会领军人物"。我们认为教育就是陪伴、引导、鼓舞和唤醒。教育是农业而不是工业,教育需要给孩子留下时间和空间,要尊重孩子的个性发展,让每个孩子都有存在感、有尊严地健康快乐成长。我们提出一个口号:"优秀的教师是会鼓励全班后十名的老师。"我们致力于做有档次的教育、有温度的教育、有良心的教育、有记忆的教育。我们力争让孩子"特别有礼貌,特别有道德,特别能吃苦,特别有志向,特别有作为",让孩子大声、大方、大气。

有一句话说得很好:"初一相差不大,初二两极分化,初三天上地下。"

具体来说,七年级要培养习惯,八年级要夯实基础,九年级要拼搏冲刺。

在接下来的初中生活和学习中,尤其是七年级的学生和八九年级的插班生,大家可能觉得孩子或多或少会有一些不适应,其实这很正常。为了使孩子尽快适应新环境中的初中生活,我们给大家提几点建议:

追寻：每一个生命的光亮

一、认识孩子，重新定位，确定目标

初中的孩子生理和心理都开始发生较大的变化，心理学上把中学时期称为"心理断乳期"和"第二反抗期"。

反映在心理行为上：孩子的自主意识增强，情绪波动变大，自制力不足，逆反心理强，注重穿着打扮，喜欢交朋友等。所以家长如果不重新认识孩子，还按老一套教育和要求孩子，就很可能激化家长与孩子之间的矛盾。所有失败的家长基本都归结为两类：一种是"爱不够"，另一种是"爱太多"。对"爱不够"的家长来说，要注意到孩子的成长，尽可能民主平等地对话，尊重他们的观念，关注他们的行为，深入孩子内心，相信您的孩子，欣赏您的孩子，把握孩子成长的脉搏，赞扬和鼓励往往是孩子上进的最好动力。对"爱太多"的家长来说，对孩子关爱和尊重不意味着家长可以对孩子放任自由和一味迁就，而是要与严格要求相结合。有一句话叫"严师出高徒"，还有一句话叫"慈母多败儿"，放纵和溺爱，只能使孩子不负责任、养成坏脾气、没有规矩、不求上进、不懂礼貌。家庭教育同样需要在学习和生活上对孩子严格要求，耐心引导，适度惩戒。

初中孩子的可塑性很强，这意味着所有人都站在同一个起跑线上。按照以往的情况，有很多在小学名列前茅的学生到初中后一败涂地的；也有很多在初一时候班里成绩倒数的同学

三、讲坛纵横

通过努力，三年后考入一中的；还有初三一模考试在班里中等的学生，一个月后考上了一中的。过去证明不了现在和将来，即使是分班考试成绩不够理想，在期中考试中也可能惊天大逆转。

新的竞争刚刚开始，我们每天都站在同一个起跑线上，家长需要对孩子充满信心，帮助孩子为接下来的初中生活规划一个明确的奋斗目标。要考上哪一所高中？在学习、生活、品德、习惯等方面达到什么样的层次？要达到这个目标，需要我们每一年、每一期、每一月、每一天甚至每一节课做点儿什么？谁的目标越具体，谁能尽早为目标而不懈努力，谁将来就有可能赢在起跑线上，最终实现自己的人生梦想。

二、立德修身，约束自我，培养习惯

为什么把立德修身放在首位呢？我参与过一项课题研究：品德修养与学习成绩的关系。结论是前者对后者起促进作用。我举两个活生生的例子：在我校今年的毕业生中，有两个经常位居年级前五十名的学生，他俩的共同点是成绩非常好，品德不怎么样，一个极端自私自利，甚至损人不利己，没人愿意和他坐同桌；另一个阴险狠毒，见到小动物就想一脚踢死，当面奉承背后骂人。结果一个由于考前失眠，一个由于考试期间踢坏家属院报栏被索赔，双双发挥失常，名落孙山。因此，教育

追寻：每一个生命的光亮

孩子做一个善良的人、有道德的人、有敬畏心的人、懂感恩的人、说话做事让人舒服的人比学习更重要。

三、学会共情，贴近心灵，和谐沟通

最后，我想同各位家长探讨一下当孩子万一与老师产生矛盾时家长如何解决。答案是，要培养孩子的忍耐力。有一句话说得好，你的孩子现在有多大的忍耐力，他以后就会有多大的成就。以往就出现过家长处理不当导致教育失败的案例。

有时，孩子在家抱怨老师布置作业太多、惩罚手段太过严厉、普通话不标准、冤枉自己，这时候，家长如果站在孩子一边，就会把这种情绪传给孩子，本质上是害了孩子。孩子对老师不满，那只有一个发泄口：上课不听老师的课，不写该学科的作业，老师让干什么我偏不干什么。结果，吃亏的还是孩子。正确的做法是：哪怕有再大的不满和怒气，在孩子面前也不要表露出来，做好安慰劝解工作，随后与班主任沟通交流，也可与我联系，我们一定会给你一个满意的答复或合理的解释。也请班主任老师随后每班选一名家长成立学校家长委员会，全面参与学校的管理和服务。

各位家长，教育是一门艺术。很庆幸您的孩子是这一届而不是上一届，我们肯定比上一届做得更好，很遗憾您的孩子是这一届而不是下一届，下一届肯定比这一届做得更好。但我们

三、讲坛纵横

永远会全力以赴,我们永远会站在追求完美的起跑线上!在追求完美的过程中,我们一直在努力,也期待与您同行,让我们家校携手,共同开创孩子更加美好的未来!

谢谢大家!

(2017年9月于南阳市三中伏牛路校区)

追寻：每一个生命的光亮

宛城区"十大杰出青年"获奖感言

尊敬的各位领导、来宾，青年朋友们：

大家上午好！

在五四运动100周年之际，我非常荣幸地被评为宛城区"十大杰出青年"。获此殊荣，我感到莫大的荣幸，同时也感到的是激励和鞭策。请允许我代表获奖同志向各级领导和社会各界表示诚挚的感谢！

我来自南阳市三中伏牛路校区。

十五年前，我还是一名班主任教师和共青团干部，有一位领导曾经勉励我说："年轻人，要有理想，有干劲，做什么事儿要做都做最好。"我一直谨记这位领导的嘱托，干一行，爱一行，专一行，无愧于人民教师和青年团干部的光荣职责。我不仅被评为"全国优秀辅导员""全省优秀共青团干部"，还在全省优质课大赛中荣获一等奖，并荣获"河南省优秀教师"称号。我还参与编写全国初中英语教材，获准不受单位指标限制，走"绿色通道"直接晋升为高级教师。

五年前，我有幸带领三中的同事们一起主抓毕业班工作，

三、讲坛纵横

获领导班子全力支持。我带领同志们以校为家，夙兴夜寐，开拓创新，苦干实干加巧干。功夫不负有心人，中招成绩揭晓后，全市前十名中，南阳市三中独占七名，各分数段及比例均居中心城区前茅。有人说，在那一年，我头发掉了好多，像是老了十岁。我想，若能为宛城教育添一分力，容颜苍老又何惧？

两年前，我接受委派，到南阳市十七中工作。每天早上六七点钟，当我走在卧龙大桥上，看到许多家长带着孩子往桥北中心城区的学校赶时，内心总有一种说不出的伤感。我们的十七中学，即三中伏牛路校区占地面积五十亩，教师一百五十多名，但只有六百多名学生。每年学生报到率只有10%，学区内每年一千多名学生流向其他学校。一年多来，我带领团队负重拼搏，帮扶前行，实干创新，以一日工作十六个小时的"拼命三郎"精神，扭转了大家对这所学校十年来的一贯认知。在这一年半时间里，学校发生了翻天覆地的变化。教学成绩实现了奇迹般的进步：三至四个学科名列全区前茅，中招升入一中、五中的学生人数增长了十倍；探索出一套特色鲜明的伏牛路校区"一二三四五六"办学思想体系；成功承办了市级课改现场会；学校获得了二十几项省、市、区级荣誉；学校的办学经验被人民日报网、今日头条、新浪、搜狐、网易等知名媒体报道三十余次。综合办学效益受到了各级领导和社会各界的好评。学生数量从不到六百人剧增为三千二百余人，从每届一百多人

追寻：每一个生命的光亮

到今年的一届一千五百余人，基本实现了让白河南的孩子在家门口就能享受到优质初中教育的目标。

  我为生活在这个伟大时代而感到骄傲！我为自己的青春能和时代的脉搏和谐共振而感到自豪！青年朋友们，成绩和荣誉只能代表过去。今天既是我们过去人生的小结，更是我们新征程的起点！让我们立足本职工作，顽强拼搏，不懈努力，勇于创新，乐于奉献，用自己的实际行动，挥洒青春的汗水，发挥青春的智慧，为宛城更加美好的明天奉献绵薄之力！青春万岁，奉献无悔！拼搏的青春最美丽！

（2019 年 4 月）

三、讲坛纵横

"南阳青年五四奖章"获奖感言

尊敬的各位领导、来宾,青年朋友们,

大家上午好!

在中国共产党建立100周年之际,我非常荣幸地获得了"南阳青年五四奖章"。获此殊荣,我感到莫大的荣幸,同时也感到的是激励和鞭策。请允许我代表获奖同志向各级领导和社会各界表示最诚挚的感谢!

我叫张坤浩,来自南阳市第六完全学校高级中学。

2012年,党召开十八大,为我们青年一代的拼搏奉献指明了方向。我有幸带领南阳市三中的同事们一起主抓毕业班工作,获得领导班子全力支持。我带领同志们以校为家,夙兴夜寐,开拓创新。功夫不负有心人,中招成绩揭晓:全市前十名中,南阳市三中独占七名,各分数段及比例均居中心城区前茅,打破了地区教育的固有排名和生态。

四年前,党召开十九大,"不忘初心,牢记使命"成为年度热搜词和流行语。我接受委派,到南阳市十七中工作。从名校的业务副校长到一个谁都不愿去的地方做校长,我的心理落

追寻：每一个生命的光亮

差还是蛮大的。当时的十七中学即三中伏牛路校区占地面积五十亩，有教师一百五十多名。但是学生只有六百余人，每年学生报到率仅有10%，学区内每年有一千多名学生流失。看到学区内的几千名学生都舍近求远去别的学校上学，我带领全校教师负重拼搏，实干创新，以一日工作16个小时的"拼命三郎"精神，探索出一套特色鲜明的伏牛路校区"一二三四五六"办学思想体系，学校获得了二十几项省、市、区级荣誉，综合办学效益受到了各级领导和社会各界的好评。教学成绩更有了奇迹般的提升：三四个学科名列全区前茅；中招升入一中、五中的学生人数增长了十倍；学生数量从六百余人剧增为四千五百余人，从每届招生一百多人到2019年的一届一千五百余人，中招考试升入市一中的学生人数从0突破为76人，升入五中的学生人数从7人增到237人。仅用三年时间，学校跻身名校第一方阵。基本实现了让白河南的孩子在家门口就能享受到优质初中教育的目标。

去年，我来到南阳市第六完全学校工作。

这是一所为了均衡教育资源、促进教育公平、由政府投资7.6亿元创建的新学校。从地理区位来看，已经建成的完全学校不占优势；配套设施尚且不完善；从学生生源来看，在中招一批录取的学生中以最低分数线录取，且仅招四百四十余人，几乎没有高分层次。

但是，责任就是使命，使命就是担当。

三、讲坛纵横

怎样把这所新学校建成一所好学校呢？我们认真分析了校情。第一，劣势也能转化为优势。由于远离市区、远离城市的喧嚣，全校教师都以校为家，潜心治学，敬业工作；由于招生学生人数较少，每班四十余人，更能充分发挥小班制教学的优点，抓好学习落实。第二，我们有着雄厚的师资队伍。依托市、区政府的大力支持，既有面向全国招聘的骨干教师，又有新招聘的硕士研究生，还有区内选调的优秀教师，平均年龄三十三岁，均为中级以上职称，五年内平均获得省市区表彰十三次。

我们积极与北京师范大学外文学院联系，成为其在豫西南的第一所合作基地校，请其对我们的教育教学全方位跟踪指导。我们积极申报并成功捧回了南阳外国语中学的牌子，打造外语特色。

我们秉承着"真正做适合每一个学生发展的教育"的核心理念，遵循"精神引领、文化熏陶、师生发展、社会满意"的办学思路，实施"陪伴、影响、激励、唤醒"的育人方式；引导全体教师，要建立起和谐的师生关系，真正关注每一位学生；指导教师，评价的尺度要宽一些，"多一把评价的尺子，就会多一批好学生"；告诉教师不要拿成绩排队，多激励后进生，如果最后一名也在努力奔跑，那么这所学校一定是一所充满着希望、生机勃勃的好学校。我们引导教师要从人生的角度去做教育、从教育的角度去做教学，既要专注于个人的专业成

追寻：每一个生命的光亮

长与进步，又要科学地调动学生的内在动力，激发他们的生命潜能，更要突破常规，因材施教，因人而异，提升学生综合素质。全校教师坚持"两个教育前提"："假如我是孩子，假如是我的孩子"。全体教师都能潜心学习和思考先进的教育理念和策略，用心、用情、用智，为孩子的梦想助力，对孩子的一生负责。

实干是最好的担当。我们深知：哪有什么岁月静好，只不过有人在负重前行；哪有什么前程似锦，只不过有人铁棒磨成针。

全体"六全"人秉持敢于亮剑、敢于胜利的精神，怀着亲如手足的战斗情谊，从每天 16 小时的陪伴，到日日清、周周清的过关；从早上六点多的早操，到晚上查寝的十点半；从个性化培优，到逐人逐科"一个也不能少"地扶差；从集体备课、课例研究，到一课一研；从每天的晨会激励，到主题班会点燃；从学生生活、学习习惯的矫正，到要求"每天进步一点点"；从丰富多彩的社团活动，到各种兴趣班的开展；从限时测试，到周考的规范化演练；每一月，每一周，每一天，每一节，每一秒，都争取做到极致。平凡铸就伟大，英雄来自人民。每个人都了不起。英雄思维和英雄精神已在"六全"落地生根，熠熠闪光！

山有峰顶，海有彼岸，漫漫长途，终有回转。结果是最有力的证明。从 2020 年中招考试入校的零一本人数，到上学期

三、讲坛纵横

期中考试一本二十九人，期末考试一本三十七人，到 2021 春期 3 月联考一本上线七十余人，二本人数从最初的一百零三人到一百六十三人，再到联考的二百八十七人。一本上线率达 15.9%，二本上线率达 52%，教学成绩一路攀升。我校成为南阳二十七所重点高中进步最大的学校之一，受到各级领导和社会各界的关注和好评。

岁月铭刻拼搏，历史会告诉未来。这是一个外语特色教育和学生培养、发展多元化的平台，这是一所致力于把每一位学子培养成具有"身心健康、民族精神、国际视野、责任担当、领袖气质"等全面素养的未来社会领军人物的学校。

今年是中国共产党成立 100 周年。筚路蓝缕，不忘初心；百年苦难，百年辉煌。历史，总能在一些特殊的时刻，给人以深刻的启迪。翻开百年激荡的红色篇章，百年峥嵘，记载着信念之坚，激荡着英雄之气。我们要认真学习中国共产党的历史，在常学常新中加强理论修养，在真学真信中坚定理想信念，在学思践悟中牢记初心使命，在细照笃行中不断修炼自我，在知行合一中主动担当作为；要始终保持对党的忠诚心、对人民的感恩心、对事业的进取心、对法纪的敬畏心；要经常进行思想政治体检，始终在政治立场、政治方向、政治原则、政治道路上同党中央保持高度一致，为党育人，为国育才，勇于担当、善于作为，在全面建设社会主义现代化国家伟大实践中建功立业。

追寻：每一个生命的光亮

历史照亮未来，征程未有穷期。百年前，一批有志青年在中华民族的危难时刻，自觉担负起领导中国人民振兴中华的历史使命；百年后，我们当代青年面临的是前所未有的新时代，我们肩负着实现中华民族伟大复兴的时代使命。时代虽然在改变，但不变的是青年的奋斗精神。我们要学习新思想，争做新青年，勇于担当时代使命，用奋斗书写人生华章。

最后祝愿各位领导、各位同志永远年轻。祝福我们伟大的党100岁生日快乐！祝愿祖国永远繁荣昌盛！

（2021年4月18日）

三、讲坛纵横

在 2021 年宛城区教师节表彰会上的发言

尊敬的各位领导、老师们:

大家上午好。

我叫张坤浩,是南阳市第六完全学校高级中学的校长。今天有幸在这里发言,感到无上光荣。请允许我代表获奖单位向一直以来关心支持教育的各级领导和社会各界人士,表示崇高的敬意和诚挚的感谢!向各位同仁致以节日的问候!

"六全"是宛城教育的缩影和宛城教育奇迹的见证者。2020 年 3 月 14 日动工兴建,到 9 月 1 日建成并全面招生,充分体现了宛城速度,创造了宛城奇迹。总投资 7.6 亿元,几乎是我区全年财政总收入。这是何等的气魄、何等的手笔!

300 亩的校园,恢宏的报告厅、图书馆,崭新的游泳馆、教工宿舍楼,国内领先,省内一流。何其有幸,能在这样的学校工作和生活;何其有幸,我们赶上了这个最好的时代;何其有幸,遇到了尊师重教的领导。袁书记初到南阳,就奔赴"六全"现场办公、查看工程进度,督促倒排工期。截至目前,全市只有宛城区四所完全学校全部实现全面招生。樊区长多次冒

追寻：每一个生命的光亮

着酷暑，到校督查工程进度，推动各项举措落地，我们的老师都记得"教育无小事，学校无小事"是他说的最多的一句话。区四大班子领导、区政府相关职能部门对于学校也是有求必应。张区长、齐局长几乎每月都到学校帮助解决实际问题，甚至六全教师子女的入学问题都牵挂着区长和局长的心。正是有区委、区政府对教育的高度重视和大力支持，才为学校发展注入了源源不断的动力。

一年来，我们深知区委、区政府对"六全"寄予厚望，我们只有夙夜在公，努力奔跑，才能不辱使命。学校地处高铁片区，发展潜力巨大，但受当前区位、周边基础设施配套等因素的影响，去年我校首届招生情况并不乐观。位置偏，生源差，基础配套不完善是困扰学校发展的三大难题。

于是，我们转换思路，独辟蹊径，办特色学校。在市、区领导的支持下，我们争取到了"南阳外国语中学"的金字招牌，致力于打造学校外语品牌优势。

我们与北京师范大学外文学院联合办学，我校成为北师大在豫西南的第一所合作基地校。学校开设的北师大 AI 英语课程，极大地提升了学生英语学习兴趣和成绩，已成为外国语中学的一张新名片。

学校还开设第二外语课程，使学生凭借日语学习难度低、高考相对易得高分等优势，弥补英语学习缺陷，让考大学更容易。

三、讲坛纵横

学校致力于打造多元化成才平台,鼓励多渠道升学。通过开设艺术、体育类等社团课程,拓宽学生升学通道。

我们把"教师幸福、学生发展、社会满意"作为学校发展目标。我们认为教育是两个世界的相遇,教师要先打理好自己,再走向孩子们;学校不仅是教书育人的地方,更是一群成年人和一群孩子生活的地方,这个地方要有温度、情趣和爱。我们认为"校长最蠢的事就是把自己当成官",学校领导要做教师背后的大树,而不做教师面前的大山。我们树立了"管理即服务,同事即亲人"的理念。今年,在市委的倡导下,我们又提出了"领导要做师生的'金牌店小二'"口号,学校想老师所想,急老师所急,全力解决教师的后顾之忧。教师的孩子想上哪个小学,学校帮你办;教师母亲生病,领导四处寻医问药;教师早读没吃饭,后勤买好送到门口;晋职晋级、评优评先,一线教师优先考虑,领导班子退后。在教师宿舍安排上,功勋教师分到的是风光尽收眼底的朝南的十二楼,领导班子住的是潮湿阴暗的朝北的四楼、五楼;在高中生活补助和绩效工资分配上,我们五个领导班子成员排在倒数后五名;甚至连教师节企业捐赠的水果,普通教师都比领导多发两份⋯⋯

我们把对教师的示范引领、陪伴影响做到了极致。我们认为,陪伴不是陪着,是全方位深入教育教学的每一个环节,深入最苦最累的每一个细节。我们把"我们不缺裁判缺示范,我们不缺教练缺队长"的标语挂在墙上,并落实执行。所有教育

追寻：每一个生命的光亮

教学活动，如早读、上课、备课、教研、考试、班会、家长会、读书、学习、值班等，都是领导班子先做，做不到的，不要求教师做。领导班子干活最多，在校时间最长；从每天和值班教师一起六点前到校、晚上十点半离校，到一起监考、评卷；从中秋国庆一起值班，到周末暑假一起加班；从深入班级给学生做思想工作，到从未缺席一次听课教研活动——通过陪伴，树立了标杆和榜样；通过陪伴，理解了教师的不易；通过陪伴，掌握了第一手资料，为决策提供了充分的依据；通过陪伴，带动了学校凝聚力的提升。

我们让每一个老师都感受到尊重、公平和爱！我们让每一个老师都真真切切地感受到"学校发展与我有关""发展成果人人共享"。短短一年时间，在全体教职员工同心同德、帮扶前行的过程中逐渐形成了"每个人都自带动力"的高铁精神！不管是备课、上课、考试、辅导，还是加班、宣传、教研、招生，所有的教学行为都是自发和自觉完成的，六全老师从来不知道考勤、签到和打卡为何物。

教师可以只是一份职业，但如果热爱它，便会创造奇迹。一群人，一条心，一起拼，一定赢！现在，我校每个老师都认为：六全是最好的学校。每一位老师都在为学校发展尽自己最大的努力。为尊重而干，为尊严而拼，为荣誉而战，为使命而搏，为实现自身价值而鞠躬尽瘁。

三、讲坛纵横

我们确立了"做适合每一个学生发展的教育"的核心理念和"一二三四五六"办学思想体系,坚持"把每一个孩子放在校园的正中央",做有温度、有记忆的教育;坚持以"假如我是孩子,假如是我的孩子"作为一切教育活动的前提;指导教师"从人生的角度做教育,从教育的角度做教学";引导教师"多一把评价的尺子,就会多一批好学生";告诉教师"让尊重落地,从最后一名抓起","能够表扬最后一名孩子的老师才是优秀的老师"。

"做适合每一个学生发展的教育"绝不是我们的一句口号,我们认为每个孩子都是最独特最珍贵的个体,我们努力让每一位孩子在学校都被尊重、被需要,让每一个孩子都感到有尊严、有价值、有存在感。

我们会为一个身高1.92米的孩子专门量身定制2.2米的大床;我们会为哪怕只有5位选修垒球的学生高薪聘请国家一级教练员;我们会为每一个往校长信箱投信的学生每周花费半天时间亲笔写回信;我们会因为一个孩子想喝现磨豆浆的诉求,第二天早上就让他如愿以偿。我们的老师会在雨天为孩子撑伞而不惜淋湿自己的后背;我们的班主任会记得每一个孩子的生日并在当天送上特别的礼物;我们的每一位孩子每周甚至每一天都能受到老师的表扬和激励。

岁月不居,天道酬勤。这一年,是学校的开局之年,是学

追寻：每一个生命的光亮

校发展道路上至关重要的一年。"沧海横流，方显英雄本色。"只有把难事做好，才能体现价值。

这一年，从挂着绿网的教学楼，到园林式的智慧校园；从教师间的互不相识，到一个战壕的"兄弟"；从早上六点多的早操，到晚上查寝的十点半；从每天16小时的陪伴，到日清、周清的过关；从精心备课、用心授课，到个性化培优；从"青蓝工程"，到全员"过关课"；从一课一研、公开课，到课例分析；从课堂全面关注，到专注于对每一个学生的落实；从每天的晨会激励，到主题班会点燃；从对学生不良生活、学习习惯的矫正，到要求每天进步一点点；从丰富多彩的社团活动，到各种兴趣班的开展；从限时测，到周考的规范化演练——每一月，每一周，每一天，每一节，每一秒，都做到了极致。英雄思维和英雄精神已在六全落地生根，熠熠闪光！每个人都了不起。

山有峰顶，海有彼岸，漫漫长途，终有回转。结果是最有力的证明。通过数据测算，我们2020年秋期招收的高一新生，2021春期联考一本模拟上线已有70余人，二本人数从最初的103人，到联考已达到287人。教学成绩一路攀升，我校成为南阳27所重点高中进步最大的学校之一。2021年中招报考中，我校成为报名热度较大的一个，一年分数线上涨154分，上涨幅度名列全区前茅，收到良好的社会效应。

梦想照亮前方，奋进正当其时。我们既要仰望星空，又要

三、讲坛纵横

脚踏实地。立足当下，我们披荆斩棘；展望未来，我们信心百倍。我们相信每一个孩子都是一粒神奇的种子，蕴含着无穷的潜能；我们相信每一位教师都有挖不尽的宝藏，蕴藏着无穷的智慧；我们相信宛城教育人，一定会充满自信和力量。凡事坚信"我能干、我能干成、我能干好"，为宛城教育高质量跨越发展贡献宛城教育人的力量，为顺利实现宛城"五个隆起"战略目标贡献宛城教育人的力量！

（2021年9月10日于南阳市第六完全学校高级中学）

附录

追寻：每一个生命的光亮

学生祝福

十多年前有幸成为张老师的门生，当时他所讲授的英语课是我最喜爱的课程之一。他让我们感到英语是有用的，而且学习英语是快乐的、轻松的。如今阅读张老师的教育心得，才意识到当年妙趣横生的课堂蕴含了一个人民教师多少的心血和智慧。《成功背后无潇洒》中介绍了张老师如何将一堂课精心打磨雕琢为一件艺术品；《爱上上课，用爱上课》展示了张老师对日常教学的重视和热忱。我在多年的求学和研究经历中发现，兴趣和热爱才是快速学习掌握一门知识最关键的因素，而张老师用自己的执着和坚持，在我们心中播下了热爱的种子。

除了英语外，张老师也特别强调阅读、写作和演讲的重要性。他曾笑称自己可以胜任语文老师，我们深以为然。张老师爱好读书，勤于写作，上课时常常旁征博引，让我们大开眼界。他的课堂互动性极强，总鼓励我们勇敢地站起来表达自己的观点，并用儒雅的目光给予赞赏。《读书真的可以改变人生》的故事他也和我们分享过，并带起了一波班级读书热潮。阅读能滋养身心，在这个碎片信息充斥的时代，培养学生的阅读能

附 录

力显得尤为重要。

总之,《追寻:每一个生命的光亮》包含了一个人民教师的教学经验,也包含了一名校长的管理智慧,更包含一个教育工作者深度思考后的思想荟萃。这本书值得每个对教学、育人感兴趣的读者阅读。

——学生郭昊翔于清华大学

张老师是我初中的恩师。边读老师的文字,思绪边涌上心头。

那年,高考前夜,内心忐忑,辗转反侧,突然想起张老师的眼神,我记得,那是老师在我胆怯于国旗下发言时,鼓励我的眼神,这种鼓励,此时依然坚定有力,让我安心入眠,不再彷徨。

那年,大学毕业,步入社会,工作不似学习简单顺利,却屡遭坎坷,突然想起张老师话语,我记得,那是老师在我自责于模考失利时,安慰我的话语,这种安慰,此时依然温暖动人,让我重拾信心,不再沮丧。

书中有太多这样的小故事,有时老师的一句话,一个眼神,一个动作,看似稀松平常,却已深植于学生的记忆中。多年后,每当遇到人生的十字路口,蓦然回首,这些记忆便一帧一帧地播放,指引我们作出选择并勇敢前行。越长大越觉

追寻：每一个生命的光亮

得，教育的意义原来如此深远绵长，教育的力量原来如此撼动人心。

教育如春风裹着细雨，一生中无数次抚润着失意的心，月有阴晴圆缺，雨过天晴，柳暗花明又一村，虽失意不失志。

教育如浪花卷着沙砾，一生中无数次拍击着得意的心，人生起起落落，天高海阔，山外青山楼外楼，需自信不自满。

——学生任帅于深圳腾讯公司

合上书卷，脑海中挥之不去的是书里坤浩老师的几个画面：庄重地站在讲台上，向着被自己不小心冤枉的学生深鞠一躬；下课铃响起，在同学们意犹未尽的目光中，带着满足的微笑走出教室；蹲在地上，擦掉新器械旁"禁止进入"四个大字，认真写明新器械暂不可用的原因……

此刻，这位可亲可爱、严谨专业、睿智通达的老师仿佛又站在了我的面前，正如18年前我在南阳市第三中学求学时那般。

作为学生，我看到一位老师用尊重和真诚打开学生的心门，用信任和爱助燃生命的火种，让我永远感恩和感动；作为老师，我看到一位同行、前辈在教学创新上精益求精，把新技术融入教学，英语课堂精彩纷呈，让我尊敬和向往；作为教育工作者，我看到一位新时代校长的管理格局和智慧——将师生从被管理对象转变为拥有共同愿景的团队成员,使其不令而行,让我钦佩和叹服。

我想把这本书推荐给所有的学生、老师和教育界的朋友,愿你我能够一起点亮每一个生命的光亮。

——学生李国正于北京化工大学

承一份责任,藏一抹喜欢。书中每一个事例都倾注了张老师对学生满腔的爱,诠释着一个培育孩子路上的"有缘人"的智慧和担当。每个孩子都是一束光,无数小小的闪光点汇聚在一起,会发出耀眼的光芒。老师写给学生们的"情书",每一份善与爱,也是点亮他们黯淡日子里的光。相信总有一天,孩子们凝成一缕光,聚作一团火焰,定会如满天的星星、月亮和太阳一样,照亮并温暖老师们前行的路。

——学生任寰于南阳理工学院

合书而定。愈发真切地感受到张校长更为鲜明、立体的形象。"才者,德之贤也;德者,才之帅也。"人才培养始终是育人育才的统一过程。三年荏苒,张校长就是这样一位兼顾育人育才的优秀模范。

作为个体,无论是他少年时对书中描绘乌托邦的渴求,还

追寻：每一个生命的光亮

是在追求理想路途中的感怀，都让我们惊奇地发觉，原来你和我们是如此的相似，我们也一同对未来迷茫。作为学者，无论是传统文化的诉求，还是外语教学上的严谨，"惟草木之零落兮，恐美人之迟暮"，你对知识的摄取，恰似屈子对美政的求索。作为师者，你明白"以容责人甚易，以理持己实难"，于是，你甘心俯下身，贴近我们，身体力行，亦师亦友。你是如此理解关怀学生。教育不是励志的格言，不是非黑即白的答案，而是对生命的现象发自内心的包容、理解、感化……

我相信，就是这样一位"奇迹校长"，以具体可感的文人精神与人文力量、洞察幽微的视角发出切中肯綮的号令，才创造一个又一个"教学奇迹"。

"小满未满，寂静生长。"也许，你只是在网络上刷到过他的言语，在校园中瞥见过他的身影，在人群中听到过他的事迹。但现在，通过这本书，请让他亲自向你娓娓道来关于他的故事。

——学生顾嘉怡于南阳市第六完全学校

2008年的夏天，非常有幸能够遇到改变我一生的老师——张坤浩老师。张老师教给我的不仅是知识，更是对待人生的态度——有面对枯燥学习时从不懈怠的耐心和决心，也有面对暂时胜利时戒骄戒躁的沉稳和踏实，更有面对人生低谷时重新站起来的胆量和勇气。

附 录

张老师作为英语老师，授课深入浅出，讲课更是充满激情，也是由此，我激发了学习英语的兴趣，在港大的全英授课环境中能够游刃有余。同时，张老师作为班主任，不仅教我们英语，还教导我们要做好其他科目的错题集以及作文摘抄等，堪称是我们的全科老师。

因材施教更是深深地渗透在张老师对待我们的一言一行中。对于缺乏自信的学生，张老师从不吝啬公开赞扬他们的闪光点，当下的提升自不必说，这更是在人生长河中克服困难的力量源泉。对于比较活泼的学生，张老师更是能将他们的兴趣引导到学习上来，鼓励他们在课堂上积极表现，真可谓是各因其才。

更多的例子详见本书，书中浓缩了教育者的部分智慧与绝学，值得每一位从业者借鉴和学习。

——学生李颖于香港大学

张老师从多年的教学实践出发，分别以教育心语、管理智慧、讲坛纵横为主题总结了他对教育的感悟，对教学管理的经验分享。

张老师是我初中时期三年的班主任，是我非常尊敬和感恩的老师，也是对青春期我的三观建立起了非常重要影响的人物。时至今日我也无法忘怀张老师在讲台上鼓励我们外语要大声说出来的画面，也是这份从那时开始就萌发的对外语学习的

追寻：每一个生命的光亮

热爱让我走到了现在。

教育的目的不是教学而是育人，可能到现在这个年纪才能对这句话有一些感悟，在中国的传统教育下我们从小就被教导要学习要听老师的话，可能有人会觉得素质教育学习到的知识在长大之后看起来毫无用处。但在我看来，教育是让我们拥有了更多选择的权利，更多控制情绪解决好问题的能力，教育总是对我们有潜移默化的影响。对此，我对张老师书中所阐述的"假如有一天，你不幸成为被侮辱和被损害的，那么请你尝试一下以下的步骤：冷静放松（让子弹飞一会儿）—自我暗示（人生不如意常八九）—转移注意力（做运动，听音乐……）—适度宣泄（倾诉、日记、打橡皮人）—精神胜利（阿Q精神）—酸葡萄心理（我得不到的肯定不好）—甜柠檬效应（我其实做得已经很不错了）。最终能控制住自己的情绪按钮，才能掌握自己的美好人生"有很深的共鸣。现实就是这样，人生都不是一帆风顺的，现实生活中总有一个又一个的难题在等着我们去解决，而解决问题有时候心态比方法更重要。学会控制和调节自己的情绪，相信自己，敢想敢做，又会有什么困难是不能克服的呢？

张老师在书中用各个时期发生的小故事将内容串联起来，相信这本书不仅仅是对教育工作者，更是对于社会学者、心理学者会有很大的研究参考价值。当然，如果你还是一位学生，又或者你也经历过这样的学生时代，我非常推荐你去阅读和鉴

附 录

赏这本书，相信读完此书你会有很多对教育和人生的感悟。

希望每一位老师都能成为学生心中的"光"！

——学生张雅雯于日本东京

春日迟迟，大西洋温润的海风轻轻拂过，令人心旷神怡；同样让人如沐春风的，还有案前张坤浩老师的书稿——《追寻：每一个生命的光亮》，沉浸其中，如同回到了十八年前南阳市三中的教室再次聆听张老师的谆谆教诲。

一篇篇、一章章仔细地阅读张老师有关教育、有关教学的文章，我在不停地问自己：那成灰泪干的蜡烛，那熊熊燃烧的火炬，那指引航向的灯塔，或者那冬日的暖阳，用哪一个比喻来形容我的张老师最贴切？对于教学，张老师呕心沥血，他是燃烧的蜡烛；对于求知若渴的学生，张老师倾情相授，他是引领前行的火炬；对于迷途的孩子，张老师指点迷津，他是指引航向的灯塔；对于无所适从的家长，张老师又温暖如煦，他是那温暖的冬阳。张老师用自己坚实的脚步，执着追求每一个生命的光亮，他用自己的光辉照亮了一个又一个学子的心灵。

《追寻：每一个生命的光亮》主要收录了张老师近十年作为教育管理工作者，站在教育教改的最前沿，有关教育管理的智慧经验和深层思考，以及在各种场合的讲话稿。这与其说是张老师教育教学生涯的回顾与总结，不如说是张老师写给学

追寻：每一个生命的光亮

生、老师、家长和教育者温柔的情话。作为新时代的教育管理者，张老师秉承"做适合每一个学生发展的教育"的理念，热切呼唤教育回归"育人"的本质，身体力行"以父母之心做老师，以仁爱之心做教育"，"做有温度的教育"，时时处处把"人"、把"学生"放在首位，既有高瞻远瞩的前沿教育理念，又有精耕细作的躬身实践。二十多年，张老师从优秀的基层老师到卓越的教育管理者，华丽转身，成就斐然，但矢志教育的初心不改，激情依旧，作为张老师的学生，我感到无限自豪。

我离开三中、离开张老师已经十五年了，离开南阳十二年，海外负笈求学八年，其间虽与张老师联系不多，但张老师的事迹，或者说张老师在南阳创造的教育奇迹时有耳闻，我的父母或者国内的同学总是及时地把张老师的教育动态发给我。作为张老师的学生，我在为张老师创造的教育神话感到骄傲的同时，也时不时会回想起我2005—2008年在南阳三中的学习生活。那时的张老师虽还带着大学生的青涩，但已经参与了全国初中英语教材的编写，在我们同学心中，张老师既是让人高山仰止的专家，又是平易近人的"浩哥"，他用澎湃的激情点亮每一个学生的梦想，用执着的守护为每一个家庭带来希望，用责任和担当来践行教育者的初心。作为张老师的学生，我是幸运的，我能从一个中等成绩的学生一步一个脚印走到博士，进而今天成为佐治亚大学的助理教授，与当年张老师的春风化雨、润物无声的勉励息息相关。五四青年节的演讲前，张老师

附 录

一遍遍改稿件，一句句指导；歌咏大赛指挥时，张老师示范的每一个动作和表情；早读英语背诵时，张老师沉浸式领读——今天都历历在目，我感恩张老师在我初中三年对我的倾情付出，感恩张老师十几年来对一个普通学生的深情守望，更感恩张老师在我幼小的心灵中点亮的那盏希望之灯，让我看见更大的世界，拥有更精彩的人生。

基础教育教学是辛苦的，基础教育管理是琐碎的，张老师在教学管理之余依然笔耕不辍，在《追寻：每一个生命的光亮》一书中，书写自己对当下教育深入的思考，传播自己先进的教育理念，抒发自己对学生、对教育深挚的热爱。正如张老师所言"教育是一盏点亮一个个生命的灯火，教师用一束束平凡微光照耀了孩子们的心灵，点亮着整个世界"，张老师不仅在点亮，更是用他无限的热爱守护教育的温度与温情，这在教育内卷日益严重的当下尤为难能可贵。同样作为一名教育工作者，我深受张老师的鼓舞，希望自己在未来的教学生涯里也可以成为一盏灯，为学生照亮追梦的旅途。

再次向张老师表达一位学子深深的敬意。

——学生孙若玉于美国佐治亚大学